Pinakothek der Moderne München

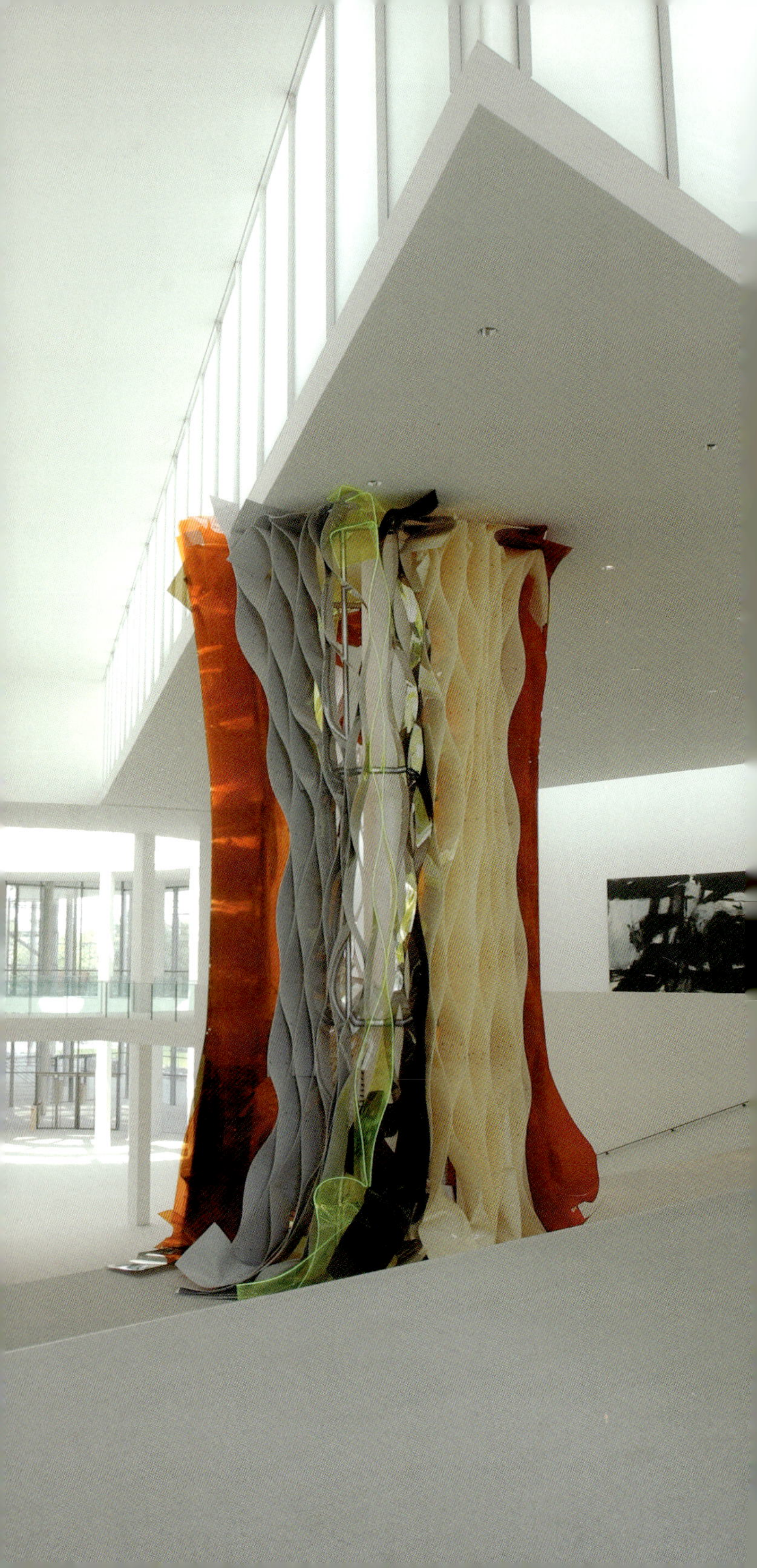

Prestel Museumsführer

Pinakothek der Moderne München

von Melanie Klier

Prestel

München · Berlin · London · New York

Umschlagvorderseite: Rotunde der Pinakothek der Moderne, zweischalige Kuppel

Umschlagrückseite: Franz Marc, Kämpfende Formen (S. 28); Hans von Marées, Zweigespann (Biga) (S. 67); Reiterbildnis des Herzogs von Lerma (S. 66); Thomas Herzog, EXPO-Dach (S. 84); Toshiyuki Kita, LCD-Fernsehgerät Aquos LC-20 C2E (S. 101)

Alle abgebildeten Werke stammen aus der Pinakothek der Moderne, München

Bildvorlagen: Umschlagvorderseite, S. 4/5, 8, 10/11, 15, 16: Ulrich Schwarz, Berlin; S. 1, 12/13: Tom Vack; S. 2, 6, 18/19, 22-52, Umschlagrückseite: Artothek, Weilheim; S. 53: Courtesy Galerie Barbara Thumm; S. 54/55, 58-68, 69 (Courtesy Matthew Marks Gallery, New York), Umschlagrückseite: Staatliche Graphische Sammlung, München; S. 70/71, 74-83, 84 (Foto: Herzog und Partner), 85 + Umschlagrückseite (Foto: Andrew Putler, London): Architekturmuseum der Technischen Universität München; S. 86/87 + 93 + 95 + 97 + 101 + Umschlagrückseite (Foto: Archiv Die Neue Sammlung, München), 90-92 + 94 + 96 + 98 + 100 (Foto: Angela Bröhan, München), 99 (Foto: Lepowski, Berlin): Die Neue Sammlung, Staatliches Museum für angewandte Kunst, München

Die Deutsche Bibliothek verzeichnet diese Publikation in der Deutschen Nationalbibliografie; detaillierte bibliografische Daten sind im Internet über http://dnb.ddb.de abrufbar.

Prestel Verlag
Königinstraße 9
D-80539 München
Tel. +49 (0) 89/38 17 09-0
Fax +49 (0) 89/38 17 09-35
www.prestel.de

Lektorat: Victoria Salley
Gestaltung und Satz: WIGEL, München
Druck und Bindung: Passavia Druckservice
Printed in Germany
ISBN 3-7913-2843-3

Pinakothek der Moderne
Kunstareal München
Barer Straße 40
D-80333 München
Tel. +49 (0) 89/23 805-360
www.pinakothek-der-moderne.de

Öffnungszeiten
Di – So 10 – 17 Uhr
Do, Fr 10 – 20 Uhr
Geschlossen: 24.12., 31.12., Faschingsdienstag, 1.5.

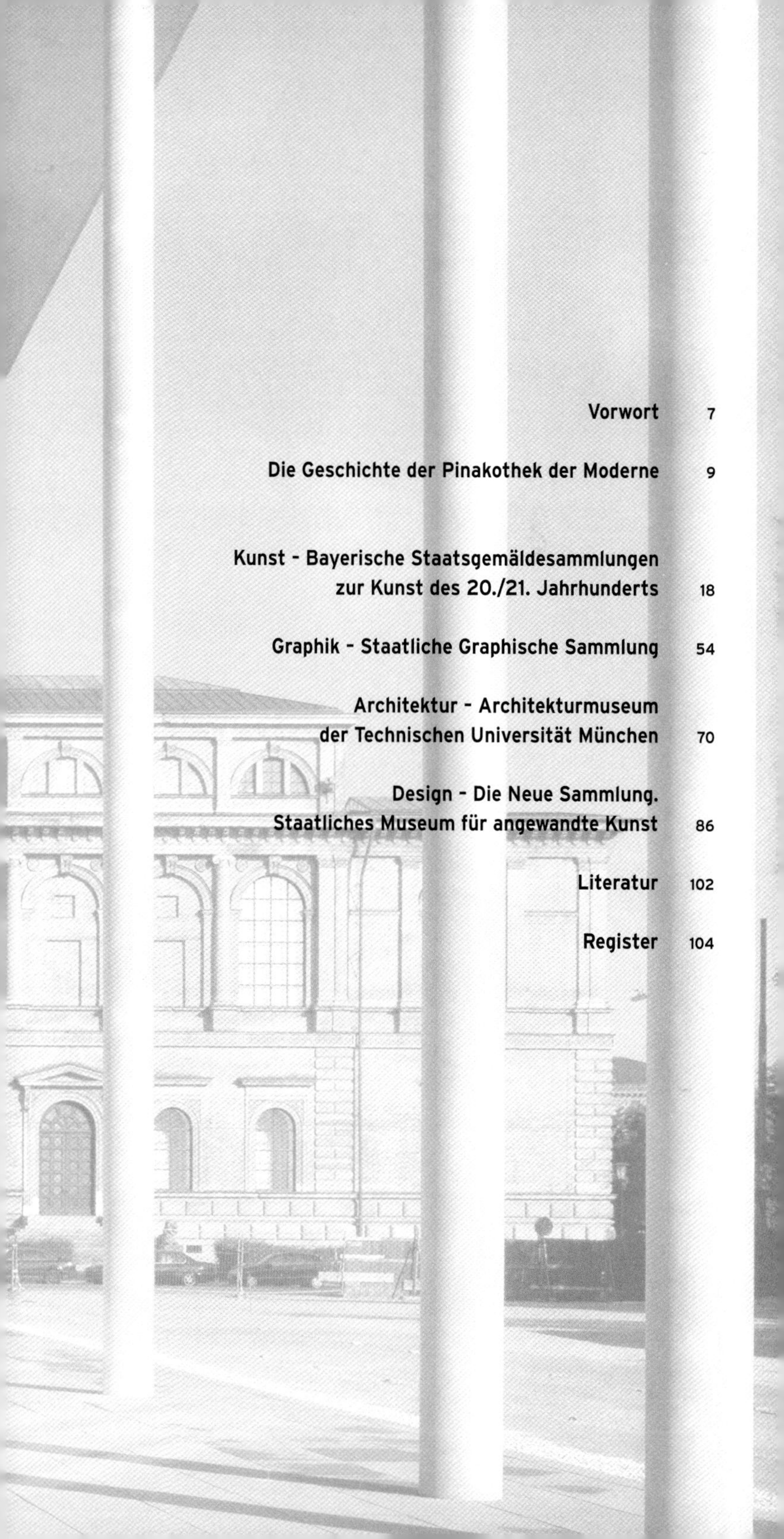

Vorwort

»Buscando la Luz« bedeutet in freier Übersetzung »das Licht suchend«. »Buscando la Luz«, so heißt das letzte, eigens für München konzipierte Werk des am 19. August 2002 verstorbenen großen baskischen Bildhauers Eduardo Chillida. »Buscando la Luz«, dieses feinsinnig-handwerkliche Bekenntnis zu Volumen und Raum, zum Zusammenspiel von Innen und Außen, ist vor allem eins: Ein beeindruckendes Zeichen für die Verbindung der drei Pinakotheken und ein wohl platziertes Signum der Verbindung von Tradition und Moderne. Drei Elemente aus gewalztem, wellenförmigem Stahl suchen das Licht, streben auf U-förmigem Grundriss vor der Pinakothek der Moderne trotz der Schwere des Materials elegant acht Meter hoch in den Himmel.

Vorzustellen ist hier die Pinakothek der Moderne, dieses beeindruckende Haus, eines der weltweit größten Häuser für die Kunst des 20. und 21. Jahrhunderts, das vier bedeutende Museen auf über 12.000 m^2 unter seinem Dach vereint: Die ehemalige Staatsgalerie moderner Kunst aus den Bayerischen Staatsgemäldesammlungen, die Staatliche Graphische Sammlung, das Architekturmuseum der Technischen Universität München sowie Die Neue Sammlung, das Staatliche Museum für angewandte Kunst. Mit nur einer Eintrittskarte bekommt der Besucher ein Gesamtkunstwerk geboten, das unterschiedlichste Interessen anspricht und zu neuen Entdeckungen einlädt: Wer Computer Culture oder Fahrzeugdesign sehen möchte, erlebt zugleich zeitgenössische Architektur und kann die Architektursammlung des Hauses besuchen. Freunde aktueller Positionen in der Videokunst sowie Anhänger von Max Beckmann, Pablo Picasso, Cy Twombly oder Georg Baselitz können mit einem anschließenden Gang durch die Graphische Sammlung zugleich den Werk- und Entstehungsprozess der Kunst im Ganzen genießen oder überhaupt einen Eindruck von der Bandbreite graphischer Kunst gewinnen – als hochkarätige, künstlerische Zeichnung, die ihre ganz eigene, unabhängige Qualität beschreibt.

Wie die Skulptur von Chillida wird auch die fantastische Architektur von Stephan Braunfels durch ein Konzept von Transparenz getragen: Das großzügige, offene Gebäude präsentiert Einblicke, Überblicke und Verbindungslinien innerhalb eines imposanten Spektrums der Kunst über den Jahrtausendwechsel hinweg. Der Architektur der Pinakothek der Moderne gelingt es auf beeindruckende Weise die Individualität der einzelnen Sammlungen zur Geltung zu bringen und die Besucher trotz Fülle und Vielfalt zu immer neuer Wahrnehmung der Exponate zu stimulieren. MK

Eduardo Chillida (1924)
Buscando la Luz 1997
Dreiteilig, gewalzter Stahl
H je 798 cm, Bodenmaße je
ca. 150 × 140 × 150 cm
Inv.-Nr. B 900
2002 erw. mit Mitteln für »Kunst am Bau« und einer Spende aus Privatbesitz

Die Geschichte der Pinakothek der Moderne. Das architektonische Konzept von Stephan Braunfels

Vorüberlegungen: Bedürfnisse, städtebauliche Voraussetzungen - die Vorgeschichte

Stellen Sie sich einmal vor, an was man alles denken muss, plant man, ein Museum für die Künste des 20. und 21. Jahrhunderts zu bauen. Betrachten wir nur einige wenige, essentielle Punkte und beginnen mit der Vorgeschichte des zu bebauenden Areals sowie der städtebaulichen Situation. Zur Verfügung steht eines der letzten unbebauten Grundstücke, ein Block, in einer Größenordnung von ca. 33.100 m^2 im inneren Stadtgebiet Münchens. Die Lage: Der südliche Teil des Blocks zwischen Gabelsbergerstraße, Türken-, Theresien- und Barerstraße: Das Gelände der ehemaligen »Türkenkaserne«, die von 1826 bis zu ihrer Zerstörung durch Luftangriffe im Zweiten Weltkrieg bestand, eine Anlage für das I. und II. Königlich Bayerische Infanterie-Regiment. Bis auf das Eingangsportal an der Türkenstraße steht nichts mehr, die vom Krieg nicht zerstörten Gebäudeteile sind abgerissen. Besser bekannt ist den meisten Münchnern dieses Areal, also der südliche Teil des Blocks, als unbebauter Platz, der als Parkgelegenheit genutzt und später »Roncalli-Platz« genannt wurde, weil auf ihm zwischen 1977 und 1996 immer wieder der Zirkus gastierte. Der Entwurf muss der Bedeutung des Areals als Verbindung zwischen dem rechtwinkligen Raster der geplanten Maxvorstadt und den unregelmäßigen Formen der Altstadt Rechnung tragen. Zudem soll ein Bezug zu den kulturellen Einrichtungen der Maxvorstadt hergestellt werden. Und die städtebauliche Haltung des geplanten Museums zum Solitär (frei bzw. einzeln stehender Baukörper) der Alten Pinakothek muss berücksichtigen werden.
Für den Wettbewerb um den Bau der Pinakothek der Moderne galt es – unter diesen Voraussetzungen – zu fragen: Kann durch den neuen Baukörper eine Verbindung zu dem kulturellen Ensemble der Alten sowie Neuen Pinakothek, der Antikensammlung und der Glyptothek am Königsplatz sowie der Städtischen Galerie im Lenbachhaus geschaffen werden?
Soll sich das neue Museum auch durch seinen Städtebau als freistehendes Gebäude in eine Reihe mit den großen Museen stellen?
Orientiert sich die Pinakothek der Moderne zur Altstadt oder zur Maxvorstadt?
Oder soll sie die Blockrand-Bebauung des umgebenden Viertels (hauptsächlich Wohnbebauung) aufnehmen?
Und – last but not least: Wie können vier verschiedene, hochkarätige Münchener Sammlungen, die Exponate präsentieren, wie sie unterschiedlicher gar nicht sein können, unter einem Dach vereint werden? Vier Institute, die bisher an verschiedenen Orten, unter teils unzulänglichen räumlichen Bedingungen agiert haben?

Realisation - Die Diagonale, die Rotunde. Museumsbau als Kunstwerk

Antworten auf diese Fragen fand der Münchener Architekt Stephan Braunfels. Er gewann unter 167 Bewerbern den 1. Preis für seine Ideen. Für die Pinakothek der Moderne, das dritte große Haus der Bayerischen Kunstsammlungen in München neben der Alten und der Neuen Pinakothek, ist Braunfels zu beeindruckenden Lösungen gekommen. In einem Interview beantwortete er die Frage nach den ausschlaggebenden Ideen, die beim Wettbewerb zur Auswahl seines Entwurfes führten: »Ausschlaggebend war nicht – wie immer behauptet wird – die Diagonale, also die Erschließung des Museums von zwei Seiten, sondern die Gliederung des riesigen Gesamtkomplexes in mehrere Gebäude: Der erste Bauabschnitt bildet demnach den ›Kern‹, um den sich der zweite Bauabschnitt in mehreren Baustufen wie eine ›Schale‹ legen kann.« Die diagonale Erschließung von Süd-Osten nach Nord-Westen war ihm vielmehr, wie er weiter erklärte, Möglichkeit, die Beziehung der drei Pinakotheken untereinander zu realisieren, ohne die zentrale Dominanz der Alten Pinakothek durch einen Neubau zu zerstören. Dennoch: Die Pinakothek der Moderne kann sowohl von der Maxvorstadt, als auch von der Innenstadt aus betreten werden. Im Süden gelangen wir durch die hohe Glasloggia des Wintergartens mit dem integrierten Café ins Museum. Im Norden betritt man die Pinakothek der Moderne durch eine imposante Pfeilerhalle und ein gläsernes Vestibül. Über beide Eingänge erreicht der Museumsbesucher die 24,5 m hohe, zentrale, spektakuläre Halle in Form einer Rotunde. Sie bildet den Ausgangspunkt für alle »Museumsrundgänge«. Der Blick nach oben, in die Kuppel mit ihren Lichtsegmenten und einem Durchmesser von über 30 Metern, ins prismatisch gebrochene Licht, ist atemberaubend. Man ahnt schon an dieser Stelle, was im Vorfeld der Eröffnung mit der Bezeichnung der Pinakothek der Moderne als »Kathedrale des Lichts« gemeint war. Hier im »Kern«, im Dreh- und Angelpunkt des Gesamtkonzeptes lässt sich erkennen, wie Braunfels die grundlegende Frage beim Museumsbau, ob die Architektur der Kunst nur dienen soll, oder selbst Baukunstwerk sein darf, beantwortet hat. Der Architekt

entschied sich für eine zweigeteilte Lösung: »Die Größe des Gesamtkomplexes sowie die besondere städtebauliche Situation, welche die diagonale Durchdringung des Gebäudes herausfordert, ermöglicht, dass die ›gesellschaftlichen‹ Bereiche des Museums wie Rotunde, Eingangsloggia, Wintergarten sowie die großen Treppen eine Komposition spannungsvoller Raumfolgen und vielfältiger Durchblicke bilden. In den eigentlichen Ausstellungsräumen soll die Architektur dagegen zurücktreten: einfache, klare Oberlichtsäle, rechteckig oder quadratisch in verschiedenen, den Kunstwerken angemessenen Proportionen mit weißen, verputzten Wänden und einem möglichst zurückhaltenden Steinfußboden und sonst nichts, so dass sich in den Ausstellungsräumen alles auf die Kunst konzentriert, nichts auf das Haus.«

Realisation: Treppenanlage, Lichtverhältnisse und räumliche Bedürfnisse der Sammlungen

Der Grundriss der Pinakothek der Moderne ist rechteckig. Alle Ausstellungssäle sind um die zentrale Rotunde gruppiert und folgen einem quadratischen Raster. Eleganterweise sind die verschiedenen Museen in diesem puristisch angelegten Szenario nicht simpel auf drei Ebenen übereinandergeschichtet. Zwar befinden sich die Schauräume der Neuen Sammlung im Untergeschoss, die der Graphischen Sammlung und des Architekturmuseums sowie der Wechselausstellungen im Erdgeschoss und die Präsentation der Bayerischen Staatsgemäldesammlungen zur Kunst des 20./21. Jahrhunderts im Obergeschoss, doch sind die verschiedenen Museumsbereiche vertikal miteinander verbunden. Gelungen ist Braunfels dies, wie er beschreibt, »durch die große, sich trichterförmig nach oben und unten erweiternde

Treppenanlage, mit der der Besucher vom Untergeschoss der Neuen Sammlung diagonal durch das ganze Haus bis zum Obergeschoss der (ehemaligen, Anm. MK) Staatsgalerie moderner Kunst geführt wird. Mit dieser die Rotunde einbindenden Treppenanlage gestaltet sich eine außerordentliche Innenraumskulptur, welche über eine Länge von 100 m und einem Höhenunterschied von 12 m alle Teile des Hauses zusammenbindet«.
Braunfels' Museumskonzeption ist »überdisziplinär« gedacht, und so versucht der Bau – äußerlich ein Sichtbetonblock (Materialien: Beton, Glas, Stahl) – auf die unterschiedlichen Raumbedürfnisse der vier Abteilungen einzugehen, zahlreiche Durchblicke zu ermöglichen, optische Verbindungslinien sowie Offenheit und Transparenz zu vermitteln.
Speziell im gesamten Obergeschoss, bei den Ausstellungsflächen für die Kunst hat Braunfels mittels einer »Lichtdecke mit gleichzeitig größtmöglicher Homogenität und Variabilität« ein helles, lichtdurchflutetes Oberlichtmuseum geschaffen. Die 1,50 Meter hohen, quadratischen Lichtkassetten befinden sich über der Raumhöhe von 5,80 Metern. Zeitgenössische Installationskunst, aktuelle großformatige Artefakte und Videokunst können in abgedunkelten größeren Räumen am Ende der Treppe sowie in Wechselausstellungsräumen im Erdgeschoss präsentiert werden.
»Über die umlaufende Galerie, die den ersten und zweiten Rundgang der Gemäldesammlungen verbindet, erhält die Rotunde eine weitere Ausstellungsgalerie, von der aus man von etwa 14 m Höhe in das zentrale Foyer des Erdgeschosses hinabschauen kann. (...) Die in die Doppelschale der Rotunde integrierten Treppen ermöglichen es auch, nach jeweils einem der beiden Rundgänge den Besuch abzubrechen, wie auch innerhalb eines Rundgangs jede beliebige Abkürzung genommen werden kann.« (Braunfels)
Den Arbeiten der Graphischen Sammlung und denen des Architekturmuseums der TU München hat man aufgrund ihrer Lichtempfindlichkeit in Kabinetten im Ostteil des Erdgeschosses (zum Norden hin orientiert) mit Kunst- oder Seitenlicht Raum verschafft. Die Objekte der Neuen Sammlung, des Museums für angewandte Kunst, benötigen wegen ihrer differierenden Größen – man bedenke, dass hier Fahrzeugdesign gleichermaßen wie Designermöbel oder -miniaturen gezeigt werden – unterschiedlich dimensionierte Räume. Diese angemessene, optimale »Plattform« für ihren Auftritt erhalten sie im Untergeschoss des Hauses, beispielsweise mit dem Thonet-Amphitheater.
Die Pinakothek der Moderne ist aber auch als Ort künstlerischer Anregung, des Gesprächs, des Austauschs zu verstehen. Diese Möglichkeiten bietet der große Vortragssaal, der sich treppenartig vom Erdgeschoss in die Tiefe des Untergeschosses senkt. Bleiben wir also gespannt, wie sich die geplante Danner-Rotunde, das wortwörtliche »Schmuckstück« im Untergeschoss präsentieren wird und das Schaudepot der Neuen Sammlung, das auf 600 m^2 in einem begehbaren, zweigeschossigen Regal die ganze Bandbreite der Design-Objekte vorführen wird.

Chronik

1990
Im Frühling beschließt die Bayerische Staatsregierung, das Gelände der ehemaligen Türkenkaserne, das für die TU reserviert war, als Baugrund für Museen zu nutzen. Laut Ministerratsbeschluss soll ein Haus für vier Museen entstehen: Staatsgalerie moderner Kunst, Die Neue Sammlung, Staatliche Graphische Sammlung, Architekturmuseum.

1992
Im Februar liegen 167 Wettbewerbsbeiträge für die Bebauung vor. Den ersten Preis erhält der Münchener Architekt Stephan Braunfels.

1993
Im Sommer erklärt Ministerpräsident Edmund Stoiber in seiner Regierungserklärung, das Museum sei wünschenswert, aber nicht notwendig. Kultusminister Hans Zehetmair kann den rettenden Zusatz einbringen: Wenn durch Spenden zehn Prozent der Bausumme beigebracht werden, wolle man bauen. Die Wormland-Stiftung, seit langem der Staatsgalerie tatkräftig verbunden, ruft zu einer Initiative auf und gibt sofort »Startkapital«.

1994
Die Stiftung Pinakothek der Moderne wird gegründet. Über 30 Millionen Mark konnten bisher gesammelt werden. Im Juli 1994 gibt die Staatsregierung die Zusage, das Museum mit Privatisierungserlösen zu bauen. Sie erzwingt eine – realitätsferne – »Kostendeckelung« auf 200 Millionen Mark.

1995
Ministerpräsident Edmund Stoiber verkündet im Dezember die Entscheidung, das Museum tatsächlich zu errichten.

1996
Am 9. September erfolgt der erste Spatenstich zur »Pinakothek der Moderne: Kunst – Architektur – Design«. Man hofft auf eine Fertigstellung zur Jahrtausendwende.

1998
Im Juli kann auf dem Bau das Richtfest gefeiert werden. Johann Georg Prinz von Hohenzollern, Generaldirektor der Bayerischen Staatsgemäldesammlungen, geht in Pension. Er hatte sich mit großer Energie und Tatkraft für die Pinakothek der Moderne eingesetzt. Sein Nachfolger wird Peter-Klaus Schuster.

1999
Peter-Klaus Schuster wird Generaldirektor der Staatlichen Museen zu Berlin. Reinhold Baumstark, der ihn ablöst, betreibt mit seinem Team die Planung energisch weiter.

2000
In den folgenden Monaten kulminiert der Streit zwischen dem Architekten Braunfels und der Bauverwaltung. Braunfels, dem nie die Baukontrolle zugestanden wurde, hatte bereits Prozesse geführt, zum Beispiel wegen minderwertiger Materialien. Man wirft dem Architekten vor, er habe die Mehrkosten von rund 30 Millionen Mark verursacht. Der Haushaltsausschuss des Landtags genehmigt nach heftiger Debatte aber den Nachtrag.

2001
Bauliche Mängel zum Beispiel am Dach des Museums werden beseitigt, aber auch eine Rattenplage ist zu bekämpfen.

2002
Im März wird die Pinakothek der Moderne – noch ohne Ausstellungsstücke – als »reine Architektur« vorgestellt und von der Fachpresse sehr gelobt. Im Juni sorgt noch einmal der Oberste Rechnungshof für Aufregung. Er erklärt den Kostendeckel für illusorisch und betont, dass die Bausumme von 237,5 Millionen Mark in Zukunft noch überschritten werden wird (Regressforderungen etc.). Der Eröffnungstermin wird mehrfach verschoben und dann auf den 16. September festgelegt. Bundespräsident Johannes Rau, Ministerpräsident Edmund Stoiber und Kultusminister Hans Zehetmair übergeben das Haus der Öffentlichkeit.

Pinakothek der Moderne in Zahlen

Gebäude
Länge 143 m
Breite 68 m
Bruttorauminhalt 258.527 m^3
Hauptnutzfläche 20.105 m^2

Ausstellungsräume
Kunst 5262 m^2
Graphik 219 m^2
Architektur 424 m^2
Design 2587 m^2
Wechselausstellungen 1013 m^2
Treppenanlage: 100 m,
Höhenunterschied 12 m
Rotunde: Höhe 24,50 m,
Durchmesser 24,75 m

Gesamtkosten 121.431.820 Euro

Museen und insgesamt zur Verfügung stehende Exponate

1. Bayerische Staatsgemäldesammlungen zur Kunst des 20./21. Jahrhunderts 3000 Objekte, ausgestellt ca. 350
2. Staatliche Graphische Sammlung 400.000 Blätter, ausgestellt ca. 100
3. Architekturmuseum der Technischen Universität München
350.000 Zeichnungen, 100.000 Fotografien, 500 Modelle, ausgestellt ca. 380
4. Die Neue Sammlung, Staatliches Museum für angewandte Kunst
60.000 Objekte, ausgestellt einige 1000

Kunst – Bayerische Staatsgemäldesammlungen zur Kunst des 20./21. Jahrhunderts

August Macke (1887–1814)
Mädchen unter Bäumen 1914
Öl auf Leinwand
119,5 × 159 cm
Inv.-Nr. 13466
1964 Schenkung Sofie und Emanuel Fohn

August Macke und Robert Delaunay – die beiden Künstlernamen müssen zusammen genannt werden. Unvorstellbar ist die Kunst des Ersten ohne den Impuls zu entschieden eigener Malerei durch die persönliche Bekanntschaft und Reflexion der Ideen des Anderen – dem Konzept der orphistischen Malerei und des farblichen Simultankontrastes. Delaunays Fensterbilder hatten dem Maler des »Blauen Reiter« beeindruckend verbildlicht, was »lebendige« sowie prismatisch gebrochene Farbkraft meint. Wie Licht im Gemälde als Farbe aus sich selbst herauszuleuchten vermag und einen räumlichen Tiefensog bewirkt, kraft des Farbkontrastes. Zweimal sehen wir in Mackes expressionistischem Artefakt drei Mädchen in einem Park. Wir tauchen ein in geometrische Flächengliederung mit und neben verschliffenen Farbakkorden. Den an sich profanen Spaziergang stilisiert der Maler zu einem idealisierten, paradiesischen Bild der Natur. Der Alltag präsentiert sich als heiteres, locker-duftiges Farbfest.

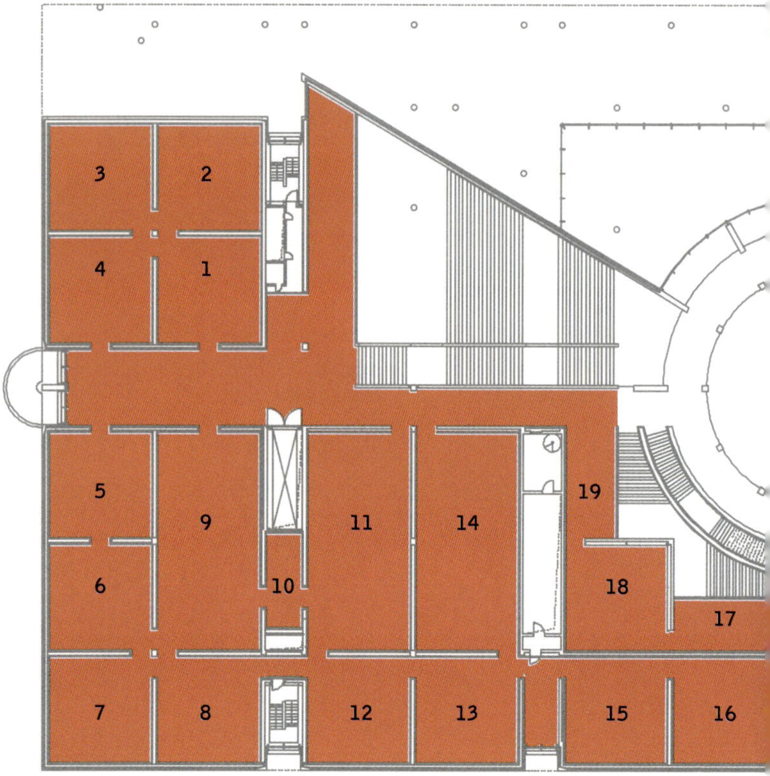

»Unser Konzept beruht einmal auf der Biografie der Sammlung und auf einem bestimmten kunsthistorischen Credo. (...) Wir können vor allem auf Beckmann, Beuys, Warhol oder Baselitz verweisen. Es wäre völlig falsch, alles darstellen zu wollen.« So erläutert Carla Schulz-Hoffmann, stellvertretende Generaldirektorin der Bayerischen Staatsgemäldesammlungen, die Präsentation der Kunst zum 20. und 21. Jahrhundert: im Westflügel, die statische Schau der Klassischen Moderne, im Ostflügel, Gegenwartskunst ab 1960. Die aktuellen Kunstpositionen werden in Wechselausstellungen gezeigt, es gilt also im Bereich der Gegenwartskunst, der Installations-, Objekt- und Videokunst »up to date« zu sein.

Es ist der Architektur von Stephan Braunfels zu verdanken, als Besucher von den Blickachsen zu profitieren – gerade auch innerhalb der Ausstellungssäle im Obergeschoss raumverbindend zu sehen. Der Vorteil des offenen Netzwerks: Wir können Zusammenhänge, aber auch kontroverse Positionen innerhalb der Kunst des 20./21. Jahrhunderts wortwörtlich erschauen. Der klassische Rundgang ist aufgebrochen und unsichtbar didaktisch. So hat man beispielsweise im Westflügel Max Beckmann und Pablo Picasso in unmittelbare Nachbarschaft gebracht. Die Präsentation der Kunst ab 1950 erfolgt nach »Künstlerräumen«: Lucio Fontanas Leinwandschnitte befinden sich so beispielsweise vor Arnulf Rainers Übermalungen, seinen Kruzifikationen. Heute, in der Pinakothek der Moderne, erahnt keiner mehr die Ausgangssituation der ehemaligen Staatsgalerie moderner Kunst. Die international führende Sammlung zur Malerei, Plastik und den Neuen Medien beher-

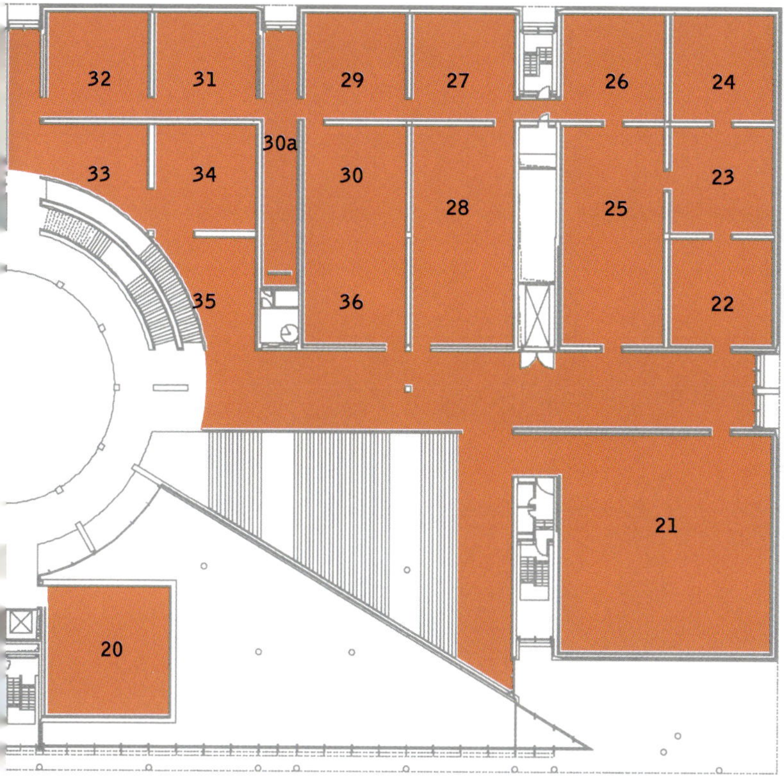

bergte 1945 als Basis nur sechs wirklich repräsentative Kunstwerke: Henri Matisse, Fanz Marc, Oskar Kokoschka und Lovis Corinth. Ihr facettenreiches, ausgesuchtes Profil gewann sie erst durch Stiftungen und Vermächtnisse, namentlich 1964 durch Sofie und Emanuel Fohn 1964 (Kunst der deutschen Expressionisten), in den 70er Jahren durch Theodor und Woty Werner (Werke der Klassischen Moderne), die Stiftung Günther Frankes (Max Beckmann), Markus Kruss (Die Brücke) sowie Anfang der 80er Jahre durch die Sammlung Theo Wormland (Surrealismus) und die Sammlung Prinz Franz von Bayern (deutsche Kunst nach 1960). Ferner half seit Mitte der 60er Jahre der ehemalige Galerieverein München e.V. (nennt sich heute »PIN«) die Sammlung aufzubauen.

OG West:	Klassische Moderne (bis 1960)
Saal 1	Sammlung Fohn
Saal 2	Die Brücke
Saal 3	Kirchner
Saal 4	Müller, Nolde, Schmidt-Rottluff
Saal 5	Kubismus/Futurismus
Saal 6	Der Blaue Reiter
Saal 7	Bauhaus
Saal 8	Expressivität – Neue Sachlichkeit
Saal 9	Braque, Corinth, Kokoschka u.a.
Saal 10	Klee, Lehmbruck
Saal 11	Beckmann
Saal 12	Wormland Stiftung I
Saal 13	Wormland Stiftung II
Saal 14	Picasso
Saal 15	Frühe Abstraktion
Saal 16	Appel, Burri, Jorn, Saura u.a.
Saal 17-19	Figurative Malerei: 60er/70er

OG Ost:	Kunst der Gegenwart (ab 1960)
Saal 20	Beuys
Saal 21	Wechselausstellungen
Saal 22	Fontana
Saal 23	Rainer
Saal 24	Beuys
Saal 25	Judd
Saal 26	Polke, Richter
Saal 27	Twombly
Saal 28	Baselitz
Saal 29	Flavin
Saal 30	Wall
Saal 30a	Grimonprez
Saal 31	Palermo
Saal 32	Warhol
Saal 33	Wall
Saal 34	Bacon, Richter, Segal u.a.
Saal 35	Johns, Rauschenberg, de Kooning

OG II – Skulpturengalerie
UG – Wechselausstellungen

Saal 1 – Sammlung Sofie und Emanuel Fohn

Paula Modersohn-Becker (1876–1907)
Kinderakt mit Goldfischglas
Um 1906/07
Öl auf Leinwand. 105,5 × 54,5 cm
Inv.-Nr. 13468. 1964 Schenkung Sofie und Emanuel Fohn

»Paula haßt das Konventionelle und fällt nun auf den Fehler, alles lieber eckig, häßlich, bizarr, hölzern zu machen.« So dachte selbst Modersohn-Beckers Mann laut einer Tagebuchnotiz von 1903. Die Künstlerin malte nicht »häßlich«, und das Hölzerne, Bizarre machte Sinn. Ihr künstlerisch immer wieder auf avantgardistische Tendenzen in Paris hin orientierter Blick hatte nichts gemein mit den anfänglichen Auffassungen der Worpsweder Künstlerkolonie. Das wie eine tonerdige Plastik wirkende Kind zeigt den von van Gogh und Gaugin beeinflussten Stil sowie eine ganz eigene Tendenz zu symbolischer Bildgestaltung: Kompositorisch auf einfache Form- und erdige Farbgebung reduziert, steht das Mädchen Pate für die Auseinadersetzung mit primitiver Kunst, inhaltlich für Fruchtbarkeit (Fruchttablett) und Wachstum (Pflanzen) – ein mittig gesetztes Zwischenstadium von Kind und Frau. Es ist Ironie des Schicksals, dass die stete künstlerische Thematisierung von Wachstum und Sterben im Jahr der Bildentstehung mit Modersohn-Beckers Tod nach einer Geburt Realität wird.

Saal 2 – Die Brücke

Emil Nolde (1867–1956)
Tanz um das goldene Kalb 1910
Öl auf Leinwand. 87,5 × 105 cm
Inv.-Nr. 13351. Erw. 1963

»Natur- und Kulturmensch zugleich, göttlich sein und ein Tier, (...). Das ist der befähigte Künstler, welcher nicht einseitig an einem haftet, sondern größte Kunst schafft.« (Nolde) So dachte Nolde schon früh – und gerade der Tanz ist ihm in seiner Bild- und Alltagswelt ein Leben lang Thema und Ausdrucksform. »Ausdruckstanz« (Nolde kannte Mary Wigman und zudem Loïe Fullers Serpentinentänze), diese Bezeichnung trifft besonders auf dieses Bild zu. Das biblische Thema ist bar jeglichen moralischen Fingerzeigs umgesetzt. Mittels brennender Farbgebung und scharfem Komplementärkontrast (Gelb-Blau) entfacht der Brücke-Maler ein emotional ungezügeltes Feuer, einen dionysischen Rausch. Die ungezwungene, sinnlich enthemmte Wildheit der Drehungen des unreglementierten Tanzes lässt Röcke fliegen, gelöste Haare wirbeln. Das Aufstampfen der Füße – gleich ob barfüßig oder mit roten Absatzschuhen – lässt den Paukenrhythmus erahnen. Nolde war ein begeisterter Nachtwanderer durch Varietébühnen und Tanzlokale.

Saal 3 – Ernst Ludwig Kirchner

Ernst Ludwig Kirchner (1880–1938)
Selbstbildnis als Kranker 1918
Öl auf Leinwand auf Sperrholz
59 × 69,3 cm
Inv.-Nr. L 2334. 2002 erw. mit Unterstützung der Kulturstiftung der Länder, des Ernst-von-Siemens-Kunstfonds und der Bayerischen Landesstiftung

Kirchner bildet 1905 mit Erich Heckel, Karl Schmidt-Rottluff und Fritz Bleyl die Künstlergruppe »Brücke«. Die Studenten ziehen zunächst als Wohn- und Arbeitsgemeinschaft in Dresden zusammen, übersiedeln später nach Berlin. Kirchner ist wie viele seiner expressionistischen Zeitgenossen von der Großstadt fasziniert. Er wird ihr Chronist, malt seine elegant gelängten Kokotten und farbig knallenden, kühnen Perspektiven diverser Stadtansichten. Das *Selbstbildnis als Kranker* zeigt einen anderen Kirchner: Den zerrütteten Mann. Nach dem Horror des Ersten Weltkriegs – von dem er, wie viele seiner Generation anfänglich karthartische Kräfte erhofft hatte – flieht er in die Schweizer Alpen. Genau hier sehen wir ihn. Der im biblischen Sinne »verlorene Sohn« ist gefangen in einer engen, hölzernen Stube vor vergittertem Ausguck. Ausgezehrt, mit krank-grünem Gesicht, stützt er sich matt auf seinem Lager ab, welches in seiner roten Farbigkeit zu glühen scheint.

Wilhelm Lehmbruck (1881–1919)
Der Gestürzte 1915/16
(posthumer Guss)
Bronze. 78 × 239 × 83 cm
Inv. Nr. B 397. Erw. 1963

Den Krieg fand er unerträglich. So sehr, dass er sich doch noch das Leben nahm. Er, selbst noch ein junger Mann, gut zwei Jahre nachdem er sein Mahnmal gegen die vom Krieg getötete Jugend Europas fertigte, ging selbst zu Boden – ganz wie seine Plastik. Wilhelm Lehmbrucks *Gestürzter* befindet sich ebenerdig auf dem Gang, bildet in der Pinakothek der Moderne eine Brücke zwischen der Kunst der Expressionisten und dem Saal des Kubismus/Futurismus. Die expressionistische Plastik wiederholt das Motiv der Brücke in der körperlichen Tektonik des Schutzlosen, ist ein Appell an eine »brückenschlagende« Verständigung der Menschen verschiedenster Nationen. Sein *Gestürzter* ist Ausdrucksträger für das allgemeine Leiden der Menschheit. Lehmbruck bricht mit seiner stark vereinfachten, auf das wesentliche Thema des »Gefallenen« konzentrierten Komposition mit der Ideologie des Helden- und des Kriegerdenkmals des 19. Jahrhunderts. Seine Zeitgenossen zeigten sich befremdet, waren sie doch bei diesen Denkmälern die Schau kämpfender Soldaten gewöhnt, möglichst in heroischer Pose, hoch oben auf einem Sockel. Der Gestürzte weist mit seiner ebenerdigen Aufstellung und der überdeutlichen Zeichnung des »Gebrochenseins« von menschlicher Würde, Körperlichkeit und Seelenlage noch nicht einmal historische Bezüge auf. Hier gibt es keine Uniform, keinen auf eine Schlacht verweisenden Schriftzug – nur einen Schwertstumpf in der Rechten des Jünglings. Lehmbrucks festgehaltener Moment des Stürzens ist aber kein »chaotisches Hinsinken oder Zusammenbrechen (...), sondern wird durch das mit dem Kniemotiv kombinierte Aufstützen der Arme und des Kopfes auf dem Boden« (Kurt Badt) gebildet.

Saal 5 – Kubismus/Futurismus

Georges Braque (1882–1963)
Frau mit Mandoline 1910
Öl auf Leinwand. 91,5 × 72,5 cm
Inv.-Nr. 13824. Erw. 1967

Es ist sinnvoll, das Hochoval *Frau mit Mandoline* von Georges Braque mit Boccionis futuristischem Porträt *Volumi orizzontali* zu vergleichen: Eine solche Gegenüberstellung mag sonderbar anmuten, da üblicherweise die Kunst Braques in Zusammenhang mit Pablo Picassos kubistischer Phase von 1907 bis 1914 betrachtet wird. Doch die Konfrontation Braque/Boccioni führt exemplarisch die andersartige Formensprache von Analytischem Kubismus und Futurismus vor Augen. Braques Porträt will keine Wirklichkeit im Sinne von nachgeahmter Realität abbilden. Es geht ihm um die Darstellung der Natur als formales Gebilde. Skulpturale Mehransichtigkeit wird in der zweidimensionalen Bildfläche aufgefächert. Die geometrischen Formen von Frau und Mandoline sind bewusst braungrau gehalten: Keine grelle Farbigkeit oder gar eine klare Perspektive sollen vom formalen Vokabular ablenken. Das Kompositionsverfahren betont den Gedanken der Kunstautonomie.

Saal 5 – Kubismus/Futurismus

Umberto Boccioni (1882–1916)
Volumi orizzontali 1912
Öl auf Leinwand. 95 × 95,5 cm
Inv.-Nr. 14611. Erw. 1979

Auch Boccioni jongliert mit realistischen und abstrakten Elementen in der Bildgestaltung. Doch favorisieren er und seine italienischen Künstlerkollegen Severini, Balla, Carrà und Russolo »dynamismo« – Geschwindigkeit und Bewegungsschau – sowie »Simultaneität« – Gleichzeitigkeit. Ganz im Sinne dieser Technikbegeisterten Prämissen, die Filippo Tommaso Marinetti 1909 im »Futuristischen Manifest« notiert, gibt Boccioni seine Mutter wieder. Zwar befindet sie sich in der Bildachse in ruhender, sitzender Pose mit im Schoß gefalteten Händen, doch rotieren dynamische Kräfte in der Wiedergabe des Körpers: Wie Spiralen schrauben sich die Arme zu einem Oval, wie Kraftwellen kreist es in und über Leib, Hals und Kopf. Das Gesicht ist polyperspektivisch erfasst: en face und en profil. Auch der Hintergrund ist in Bewegung: Hauswände und Dächer lösen sich in kaleidoskopartiger Zersplitterung und scheinen die Mutter nach vorne zu schieben.

Franz Marc (1880–1916)
Kämpfende Formen 1914
Öl auf Leinwand. 91 × 131,5 cm
Inv.-Nr. 10972. Erw. 1949

Franz Marc träumte wie auch Wassily Kandinsky von einer besseren, heilen Welt. Das Tier, das ihm Synonym und Medium dieser Reinheit ist, ist in diesem Bild gerade noch in Form eines Raubvogels zu erahnen, weicht aber dem fast Gegenstandslosen. Zuvor hatte Marc seine Tiere in komplizierten simultanen Ansichten und Farbzonen rhythmisiert. Jetzt beherrschen zwei dynamisch wirbelnde Kreisformen die Bildfläche, teilen sie diagonal in aggressives Rot und Schwarzblau. Besonders die feuerrote Form attackiert mit Krallen, Schnabel und Schwingen den schwarzblauen Strudel. Unter den vielen Deutungen des Bildes scheint es sinnvoll, den Gewaltakt des Kampfes als kathartischen Neuanfang zu betrachten, aus dem das ersehnte »Geistige« und Bessere entstehen kann. Marcs *Kämpfende Formen* – Bestandteil eines vierteiligen Bilderreigens – sind kurz vor Ausbruch des Ersten Weltkrieges entstanden. Der Künstler hat den Krieg als notwendigen, gewaltvoll reinigenden Schritt zur erträumten Welt herbeigesehnt. Erinnert man sich an andere Vogeldarstellungen Marcs, ist hier nichts mehr von spitzwinklig, aufgesplitterten Dreiecken zu sehen. Die Dynamik entlädt sich über die Kreisform, die aufbricht und sich selbst sprengt. Aphoristisch hält Marc fest: »Wir zerlegen heute die keusche, immer täuschende Natur und fügen sie nach unserem Willen wieder zusammen. Wir blicken durch die Materie, und der Tag wird nicht mehr ferne sein, an dem wir durch ihre Schwingungsmasse hindurchgreifen wie durch Luft.«

Saal 6 – Der Blaue Reiter

Wassily Kandinsky (1866–1944)
Träumerische Improvisation 1913
Öl auf Leinwand. 130 × 130 cm
Inv.-Nr. 14091. 1969 erw. mit
Unterstützung von PIN. Freunde
der Pinakothek der Moderne

Kandinskys *Träumerische Improvisation* ist zweifelsfrei ein signifikantes Werk, das plausibel macht, was der Kopf des »Blauen Reiters« unter der bildnerischen Realisation eines abstrakten, »klingenden Kosmos« versteht. Versucht man das Bild unter musikalischen Gesichtspunkten zu beschreiben (was Kandinskys Einteilung vieler Werke in »Komposition« und »Improvisation« naheliegend macht), finden wir folgende homogene und disparate Momente, die mit der Realisation dieses schwebenden Bewusstseinszustandes korrelieren und ihn frei gestalten: Der Grundton, der Untergrund des Bildes, schwingt in diffusen Brauntönen. Über ihn lagert sich, mit einem blau-weißen Farbkern als Zentrum, die Ebene unterschiedlicher Farbformen, die sich durchdringen, überschneiden, für sich stehen. Schwarze Linien und grafische Zeichen ergänzen das musikalische Traumgebilde, setzen Akzente, treten hervor, verschwimmen mit dem Hintergrund. Kandinsky realisiert so ein vielschichtiges Beziehungsgeflecht befreiter Formen und Farben nach unterbewusst, »geistiger« Ordnung.

Saal 7 – Bauhaus

Lyonel Feininger (1871–1956)
Marktkirche von Halle 1930
Öl auf Leinwand. 100,7 × 85 cm
Inv.-Nr. 12013. Erw. 1954

Wenn wir Feingers *Marktkirche von Halle* betrachten, wird augenblicklich die Reminiszenz an romantisches Gedankengut ersichtlich: Das Gotteshaus ist dem Leiter der graphischen Werkstatt am Bauhaus ein architektonisch-utopisches Sinnbild des Emporstrebens zum Geistigen.
Drei Momente bestimmen die Bildkomposition: 1. kubische, sich überlagernde und ineinander schiebende kristalline Formen; 2. durchsichtige, prismatisch gebrochene Farbsprache (selbst in den schwarzen Partien); 3. streng reglementierte Tektonik. Trotz aller Monumentalität (verschwindend klein wirkt die Menschen-Staffage vor dem Marktplatz) und der wuchtigen Kompaktheit strebt die Kirche in gigantischer Vertikale in das Blau des Himmels, über die Bildgrenze hinaus. Die Transparenz der Bildstruktur hat musikalische Qualität: Als Sohn von Musikern war Feininger ein Johann Sebastian Bach- und Fugen-Interpret hohen Ranges.

Saal 8 – Zwischen Expressivität und Neuer Sachlichkeit

Alexander Kanoldt (1881–1939)
Halbakt II 1926
Öl auf Leinwand. 90,5 × 71 cm
Inv.-Nr. 14157. Erw. 1971

Ernüchtert blickt sie, vor kargem Hintergrund. Ist sie eine Dirne? Ist sie nur eine einfach der Entblößung anheim gegebene Frau, die sich verschließt (Körperhaltung) und kraft des kühl-sezierenden Blicks des Künstlers Kanoldt buchstäblich erstarrt? Die neu-sachliche Malerei gibt die gealterte Frau jedenfalls überscharf wieder: verloren, entindividualisiert, schonungslos, zum unbeweglichen Gegenstand verfestigt in kaltem Ambiente. Die strenge Bildtektonik erhärtet die unerotische Schau auf ein – stilistisch Otto Dix ähnliches – veristisches Porträt, beklemmende Enge, Alterung und Endlichkeit. Hier öffnet sich nicht der Vorhang für einen sinnlich-voyeuristischen Blick in ein Chambre separée. Vielmehr sehen wir uns akzentuierten Aspekten des Lebensgefühl der 20er Jahre gegenüber: In Kanoldts *Halbakt II* artikuliert sich nicht eine schillernde Glitzerwelt, sondern barscher Pessimismus und die Härte der Einsamkeit.

Saal 9 – Georges Braque, Lovis Corinth, Oskar Kokoschka u.a.

Lovis Corinth (1858–1925)
Großes Selbstporträt vor dem Walchensee 1924
Öl auf Leinwand. 137,7 × 107,7 cm
Inv.-Nr. 11327. Erw. 1952

Corinth liebte die Berge, besonders den bayerischen Ort Urfeld am Walchensee. Hier waren die Luft, das Licht anders als in Berlin. Hier ließ es sich malen, im Grünen vor dem eigenen Haus am Hang, mit einer fantastischen Fernsicht auf das Karwendelgebirge und das kristallklare Wasser. Hier gab es immer andere Stimmungen der Natur, je nach Wetterlage. Corinths Selbstbildnis ist ein Freilichtporträt mit merkwürdigem Hintergrund: Es entsteht – wie schon oft – an einem Geburtstag und ist sein letztes Selbstporträt. Als ob er dies ahnte, zeigt sich der 66-jährige an diesem heißen Julitag dem Betrachter im Dreiviertelprofil als Teil einer seltsam unwirklich erscheinenden Landschaft. Das Licht illuminiert Bäume, Wiese und Gebirgssee so, dass eine

andere Wirklichkeit spürbar wird, und »erleuchtet« auffallend den Kopf des Malers. Das Gegenlicht der grellen Mittagssonne verschattet dagegen Gesicht und die vordere Körperpartie.

Saal 11 – Max Beckmann

Max Beckmann (1884–1950)
Versuchung (Versuchung des hl. Antonius) 1936/37
Öl auf Leinwand
Mittelbild 200 × 170 cm,
Seitenbilder je 215 × 100 cm
Inv.-Nr. 14486-14488. Erw. 1977

»Fehler des Buches: Geringe Gestaltung des Antonius, viel Wisserei und doch nicht genug«, so kritisiert Max Beckmann den Roman Gustave Flauberts, den er als Vorlage für sein gleichnamiges Triptychon *Die Versuchung des heiligen Antonius* benutzt hat. Für den Maler ist die »Fesselung« das angemessene Motiv, kraft dessen er die Idee der Verstrickungen und Leidenschaftsopfer des Heiligen in seinem dreiteiligen Bilddrama bündelt. Im Mittelteil liegt die Antoniusfigur auf dem Boden als junger Maler vor eine Göttin. Die beiden äußeren Bildtafeln zeigen Versuchungen differenzierter Qualitäten in den unterschiedlich unterdrückten Figuren: eine erotisch an eine Lanze auf einem Floß Gefesselte (Helena/ Ennoia) vor einem Matrosen links, eine Verführerin (Königin von Saba) in einem Käfig auf einem Boot rechts. Links ein die fleischliche Lust bezwingender, androgyner Ritter, rechts ein geschlechtsloser Hotelboy, der eine Frau wie einen Hund domestiziert. Entscheidend ist der inhaltliche und formale Kontrast: Zwar nehmen die Figuren ihre Unfreiheiten hin, doch scheinen sich nicht alle seelisch zu beugen. Die Szenen der Versklavung auf den seitlichen Bildern finden unter freiem Himmel statt, der Jüngling im Mittelteil befindet sich in einem Innenraum.

Saal 12 – Surrealismus –
Theo Wormland Stiftung I:
René Magritte, Salvador Dalí,
Pablo Picasso, Giorgio de Chirico

René Magritte (1898–1967)
Die Übungen der Akrobatin 1928
Öl auf Leinwand. 116 × 80,8 cm
Inv.-Nr. 14252. Erw. 1971

Magrittes surrealistische Malerei setzt auf Irritation der Wahrnehmung und will die Leistung von Kunst überprüft wissen. Auch hier fungiert das Bild als Denkspiel. Wie auf einer Bühne vor einem Prospekt-Himmel verfolgen wir die Übungen der Akrobatin: als ab- und ausgeschnittene einzelne Sequenzen, von verschiedenen Standpunkten aus, zu unterschiedlichen Zeiten. Im Bild gestaltet sich eine Metamorphose gleichermaßen in den Schlangenbewegungen der Künstlerin wie in unseren Blickwinkeln. So wie sich die turnenden Beine, Hals, Kopf und Arme verrenken und winden, wird auch unser Denken – in bruchstückartigen Assoziationsketten und in zu vervollständigenden Bildern – in Gang gesetzt: Wir erkennen Trompete und Turnkostüm und denken an Varieté. Der graue Spielraum öffnet Horizonte: Ist der Himmel nicht doch ein Nichts-Dahinter? Selbst wenn Titel und Bild noch Bezug aufeinander nehmen: Die Existenz der Artistin bewegt sich »an der Grenze. Sie balanciert zwischen Realem und Fiktiven« (Wieland Schmied).

Saal 12 – Surrealismus –
Theo Wormland Stiftung I:
René Magritte, Salvador Dalí,
Pablo Picasso, Giorgio de Chirico

Salvador Dalí (1904–1989)
Das Rätsel der Begierde oder
Meine Mutter, meine Mutter, meine Mutter 1929
Öl auf Leinwand. 110 × 150 cm
Inv.-Nr. 14734. 1982 erw. mit Unterstützung der Theo Wormland Stiftung

Der Surrealist Dalí war ein exhibitionistischer Selbstdarsteller und Exzentriker. Mittels der »kritisch-paranoiden Methode«, die auf der Kenntnis von Sigmund Freuds Psychoanalyse basierte, konnte er seine »phantastischen Verirrungen« exakt wiedergeben. Auch in diesem Wahnbild tritt das zum Prinzip erhobene Absurde realistisch in Erscheinung: Ein gehirnähnliches Gebilde voller Ausbuchtungen mit den Worten »ma mère« ist mitten in eine Wüste platziert, zerfließt in einen schlafenden Schädel. Man hat diese Fantasmagorie mit Ameisen, sich kannibalisch umarmenden Figuren und Löwenköpfen immer wieder als »Seelenlandschaft mit innerfamiliären Obsessionen« interpretiert und im Detailrealismus des Widernatürlichen Architekturzitate Antonio Gaudis nachgewiesen. Fest steht: Auch diese Vision folgt wie alle delirischen Höhenflüge und neurotischen Vorstellungen Dalís den Gesetzen des Traums. Alles steht in aberwitzigem Bezug zueinander.

Saal 12 – Surrealismus –
Theo Wormland Stiftung I:
René Magritte, Salvador Dalí,
Pablo Picasso, Giorgio de Chirico

Giorgio de Chirico (1888–1978)
Selbstbildnis 1920
Öl auf Holz. 50,2 × 39,5 cm
Inv.-Nr. 14682. Erw. 1981

Pittura Metafisica meint für Maler und Betrachter: an allem unsicher werden, entfremdete, rätselhafte Wirklichkeit zu erleben, weit über das, was man sieht, zu blicken. Der Sizilianer Giorgio de Chirico ist ein Meister der metaphysischen Verrätselung, was sein programmatisches Selbstbildnis deutlich macht. Vor dem Hintergrund des schwarzen, klaustrophobischen Raumes steht er selbst als Rätselzeichen Modell in einem Bild von emblematischer Qualität. De Chirico präsentiert sich in konservativer Selbstverständlichkeit als Maler und hält eine Tafel mit der lateinischen Inschrift »Und was werde ich lieben außer den metaphysischen Aspekt der Dinge«. Ist der Text also erklärende Unterschrift oder gar Hinweis auf das Bild im Bild, die Raumflucht, im oberen rechten Bildeck? Ist das Architekturversatzstück der Uffizien in Florenz falsche Perspektive oder eine Innenschau? Beschreibt es ein rätselhaftes Gedankengebäude, den Augenblick der Inspiration, den de Chirico in Florenz 1910 erhielt?

Saal 13 – Surrealismus –
Theo Wormland Stiftung II:
Max Ernst

Max Ernst (1891–1976)
Hausengel 1937
Öl auf Leinwand. 54 × 74 cm
Inv.-Nr. L 1944. Seit 1983
Leihgabe Theo Wormland Stiftung

»Das Böse ist (...) ein gefallener Engel. Das Böse ist ein Teil des Menschen, dessen Monstrosität auch aus dem Banalen kommt.« (Hartwig Garneus) In Ernsts Gemälde bedarf es keiner Heerscharen oder Kriegsgötter, um herannahendes Unheil und über die Erde hereinbrechendes Grauen zu verbildlichen. Max Ernst reagiert mit einem »Trampeltier«, wie er sagte, mit einem politisch surrealen Bild als Reaktion auf den Francofaschismus. (Von 1936 bis 1939 herrschte in Spanien Bürgerkrieg.) Max Ernsts' Ausgeburt des Grauens, ein flatterndes Schreckgespenst, ist außer sich. Sie tanzt einen zerstörerischen Veitstanz zur quäkenden Begleitung eines »grün-schnäbligen« Echsentiers. Über die ganze Bildfläche tobt das Übel, flattert bedrohlich das militärfarbene Gewand mit blutrotem Umhang. (Wenn man ihn als rote Fahne der Republikaner annehmen will, ist sie bereits in den Fängen des Bösen zerfetzt.) Was ist gefährlicher? Die Reißzähne des Drachen-Menschen? Die Streitaxt, zu der sich der Stoff verknotet hat? Der Krallenfuß? Oder doch der Filzpantoffel, das kleinbürgerliche Gemütlichkeits-Indiz, das alles unter sich zertrampeln wird? Paul Eluard hat 1946 für Max Ernst gedichtet: »Der Mensch, das schmeckt / nach Filzpantoffeln / Sein Kopf ist immer / auf der Kehrseite von allem / Meiner Herrschaft / blieb allein die Nacht / Der Himmel hat sich / vom Menschen abgewandt.«

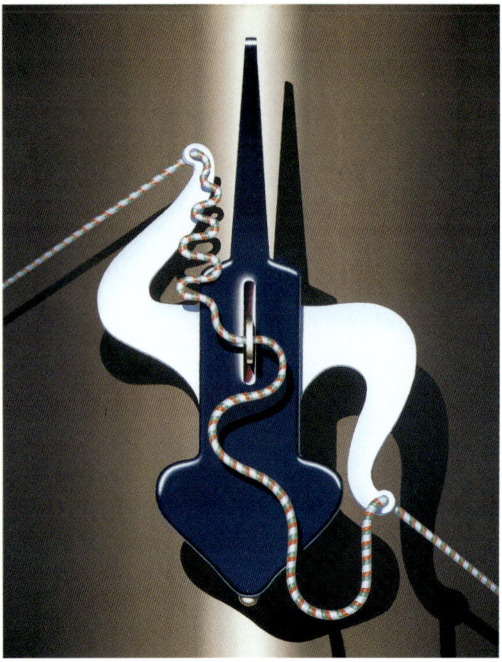

Saal 19 – Figurative Malerei der 60er und 70er Jahre

Konrad Klapheck (1935)
Der Angeber 1965
Öl auf Leinwand. 100 × 80 cm
Inv.-Nr. L 1971. Seit 1983
Leihgabe Theo Wormland Stiftung

Mit der Schau der Werke Konrad Klaphecks leisten die Bayerischen Staatsgemäldesammlungen zur Kunst des 20./21. Jahrhunderts neben der Präsentation der Gemälde Horst Antes' und Fernando Boteros einen beispielhaften Beitrag zur so genannten Neuen figurativen Malerei der 60er/70er Jahre. Klapheck widersetzt sich einer sich breit machenden Tendenz zu beliebiger Abstraktion. Surrealistische und neu-sachliche Bildersprache verdichtet er zu einer gänzlich eigenen Gegenständlichkeit. Über den *Angeber* sagt er selbst: »Jede Interpretation ist erlaubt (…) der Gegenstand wirkt wie eine (…) Kühlerfigur beim Auto. (…) Das phallische Element mit Vagina in der dunklen Form sehe ich auch, aber ich denke gleichzeitig an einen Mann in Hemdsärmeln (…). Die Gestalt gibt den Faden an, ›gibt an‹, wie und in welchem Tempo er durch ihre Hände gleitet. Angeber bezeichnet aber auch einen Menschen, der (…) sich lautstark Fähigkeiten zuschreibt, die er am Ende gar nicht besitzt.«

Saal 14 – Pablo Picasso

Pablo Picasso (1881–1973)
Mutter mit Kind 1921
Öl auf Leinwand. 154 × 104 cm
Inv.-Nr. 14635. Erw. 1980

Monumental und streng umkantet, nahezu skulptural und zeitlos wirkt Picassos *Mutter mit Kind*, diese kompakte, menschliche Zweiergruppe in rötlich-brauner Farbgebung. Wie Säulenkanneluren verfestigen sich die Gewandfalten über dem rechten Bein

der jungen Frau. Antikisiert, reduziert, auf das Einfache spezialisiert, nicht mehr kubistisch zersplitternd, ist nun Picassos Formensprache. Innerhalb des schier unerschöpflichen Stilpluralismus des Künstlers dokumentiert das Gemälde die sogenannte klassizistische Phase. Diese bedingt die Favorisierung zeitloser Sujets – so auch des Themas »Mutter mit Kind«. Picasso hält hier nicht sein Vaterglück fest. (Am 21. Februar 1921 kommt der Sohn Paul zu Welt).
Er porträtiert auch nicht den kleinen Jungen in typischen Zügen. Vielmehr transportiert er das Kleinkind »in das Modell, das ihm die Musen zur Verfügung stellen, er macht daraus das Jesuskind auf dem Schoß der (...) Madonna« (Werner Spieß).

Lucio Fontana (1899–1968)
Concetto spaziale, Attese (59 T 132) 1959
Blaue Tinte, Schnitte auf Leinwand
82 × 116 cm
Inv.-Nr. 14976. Erw. 1986

In Europa reagierte man auf Action Painting, den abstrakten Realismus und die Kunst als Reizüberflutung mit der Betonung von Licht, mit der Differenzierung innerhalb eines Farbtons oder der Stilisierung und Behandlung der monochromen Farbfläche. Ähnlich arbeitete der Künstler Lucio Fontana.

Seine Leinwandobjekte sind Konzeptkunst, die der Idee von Raum Platz macht. Auch wenn die Vorstellung der Umsetzung übergeordnet bleibt: Fontanas Vorstellungen besitzen buchstäblich »Durchschlagkraft«, was die vier vertikalen, nach vorne aufklaffenden Schnitte im blauen Farbträger unseres Bildes beweisen. In die monochrome Leinwand ist hineingestochen, sie ist aufgeschlitzt. Speziell die »tagli« (Schnitte), zu denen *Attese* (Erwartung) gehört, eröffnen so – ohne zerstören zu wollen – die radikale Vorstellung von Raum hinter, zwischen, aber auch vor der Bildfläche.

Saal 20 – Joseph Beuys

Joseph Beuys (1921–1986)
Das Ende des 20. Jahrhunderts
1983
Basalt, Ton, Filz, 44 Steine
Je ca. 48 × 150 × 40 cm
Inv.-Nr. GV 81. Seit 1983 Leihgabe von PIN. Freunde der Pinakothek der Moderne

Mit dieser Raumskulptur greift Beuys seine Idee der »universellen Kommunikationsfähigkeit von Natur und Mensch« auf und will unsere verloren gegangenen, kreativen Sehgewohnheiten reanimieren. 44 Basaltsäulen breiten sich in einem wie zufällig wirkenden Arrangement auf einer großen Bodenfläche, neben- oder übereinander aus. Aus den Basaltblöcken sind zylindrische Formen gefräst und wieder einmontiert. Gleich ob Auge oder Hörorgan, der Teleskop-Charakter der Formen gemahnt an Wahrnehmungsapparate. Ist die Natur auf Empfang, zur Kommunikation mit uns und untereinander bereit? Was will sie mitteilen? Sehen wir einen Kriegsschauplatz mit versteinerten Leichen oder fischartige Urwesen? Die Polarisierung Tod/Leben erhärtet sich nicht nur kraft des Materials. Diese monumentale Arbeit beherbergte die Pinakothek der Moderne als ihr erstes Kunstwerk.

Saal 26 – Sigmar Polke, Gerhard Richter

Sigmar Polke (1941)
Schlittschuhläufer Um 1966
Dispersion auf Leinwand
180 × 195 cm
Inv.-Nr. 14484. Erw. 1976

Die wichtigsten Merkmale für Polkes Rasterbilder von 1963–1969 lassen sich im Kern auf drei Kriterien reduzieren: Spiel und Bruch mit Pop Art-Traditionen, gemalter Ausschnitt Punkt für Punkt und wohlgesetzte Pointen. Paradigmatisch zeigen dies die *Schlittschuhläufer*. Polkes Winterbild ist keine bunt-poppige, reklameüberzeichnete Wiedergabe stiller Freuden, auch wenn das Triviale den Ausgangspunkt des malerischen Diskurses bildet. Polke splittert sein Bild nicht in Rasterstrukturen auf, indem er eine Fotografie auf den Bildträger kopiert. Seine Technik ist handgemacht und inszeniert »Auflösung«. Mit bewusst gesetzten Punkten, gewissermaßen Farbtupfern, erschafft er eine Bildwirklichkeit, in welcher die Individuen in letzter Konsequenz in der Betrachterwahrnehmung ins Diffuse entschwinden. Seine schlittschuhlaufenden Menschen verblassen angesichts der pointierten Wirklichkeit zu einem tatsächlich farblosen Sujet.

Saal 28 – Georg Baselitz

Georg Baselitz (1938)
Zwei Meißener Waldarbeiter 1967
Öl auf Leinwand. 251,2 × 200,7 cm
Inv.-Nr. 15331. Erw. 1992

Baselitz lässt in diesem Bild keine Figuren Kopf stehen. Den Weg zu einer Formensprache, die tradierte Gesetzmäßigkeiten aushebelt, hin zur Malerei um ihrer selbst willen, ebnet der Künstler hier durch die malerische

Inszenierung einer buchstäblichen »Zerreißprobe«. Eine Zerreißprobe der Bildgegenstände und -sprache, von der Vorstellung des Helden, der Sehgewohnheit des Bild-Betrachters, kurz: der Kategorie der Fixierung und Festlegung. Alles im Bildgeschehen hat Haftung verloren: Zwei Bäume schweben abgesägt, horizontal, übereinander gestaffelt im linken oberen Bildeck. Die verletzten, blutigen Körper zweier von schräg oben ins Gemälde »fliegenden« Hunde sind entzweigehackt. Selbst die Figuren der beiden Waldarbeiter sind fragmentiert, »durchscheinend«: Man kann streckenweise entweder den Malgrund unter der grünen Forstbekleidung erkennen oder das sich zersetzende Blau des Himmels, und so den Hintergrund in die beiden Männer übergehen sehen. Das ungefährlich-unscheinbare Thema zweier Waldarbeiter überführt der Maler konsequent massiver Brüchigkeit, indem er auf allen Ebenen Unsicherheit vermittelt. Hier bleibt nichts »bodenständig«. Folglich stehen auch die Figuren ohne Beine am rechten Bildrand.

Saal 29 – Dan Flavin

Dan Flavin (1933–1996)
»monument« for V. Tatlin 1969
7 Leuchtstoffröhren, kaltweiß fluoreszierend. 305 × 71 × 11 cm
Inv.-Nr. GST 6. Seit 1999 Leihgabe der Museumsstiftung

Die »monuments«, die Lichtkörper, des New Yorker Minimal Art-Künstlers Dan Flavin sind vor allem deshalb besondere Objekte, da sie bar jeglicher Psychologisierung sich selbst darstellen. Hier lauert keine künstlerische Absicht, Kindheitstraumata zu reflektieren oder hintergründig politisch Position zu beziehen. Flavins nüchterne Intention: unauffällige Kunst. Kunst, die man nicht bemerken könnte. Die Einzelteile der Objekte – in diesem Fall dem elektrischen Licht-Thema entsprechend, sieben Leuchtstoffröhren – bestehen aus identischem, alltäglichen Arbeitsmaterial. Das Supremat ist, sie in Relation zueinander und zum Installationsraum zu setzen. Schlicht ist der Werkprozess: Die Lichtröhren lassen sich aus- und anknipsen, abmontieren und erneut installieren. Hier lenkt nichts vom Objekt ab, keine Schnörkel, keine Verzierung. Und doch hat Flavins dem russischen Konstruktivisten Vladimir Tatlin gewidmete Kunst nahezu dekorative Wirkung.

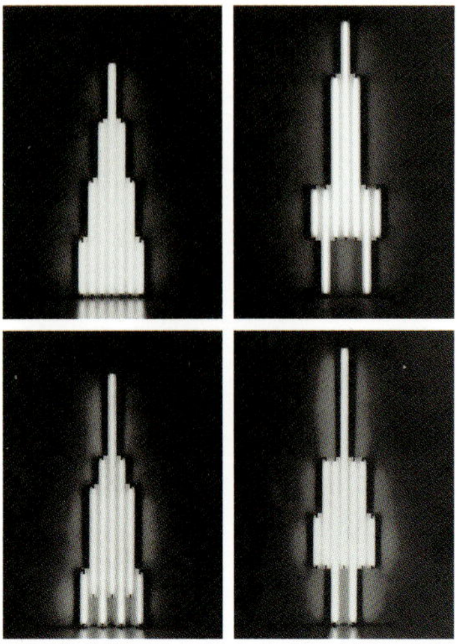

Saal 30 – Jeff Wall

Jeff Wall (1946)
Eviction Struggle 1988
Großdia in Leuchtkasten
249 × 434 cm
Inv.-Nr. 15319. 1992 erw. mit Unterstützung des Siemens-Kulturprogramms

Jeff Walls Fotografie darf man als Sehschule bezeichnen: Seine Geste ist die des subtilen Zeigens. Gerade das großformatige Leuchtkastendia *Eviction Struggle*, wie auch sein *Fight on the Sidewalk* von 1994, verdeutlicht, dass der Künstler unser konditioniertes

Sehen tatsächlich hinters Licht führt. Zunächst präsentiert sich dem Betrachter die wahrgenommene Wirklichkeit als authentische Szene: In einem amerikanischen Vorort verhaften zwei Polizisten einen Mann vor dessen Haus. Dem dramatischen Gerangel eilt eine Frau entgegen, die offensichtlich dem Verhafteten helfen will. Autos und Passanten sind neugierig, von dem Geschehen gebannt, auf Straße und Gehwegen stehen geblieben. Jeff Walls vermeintlich dokumentarische Momentaufnahme ist eine durchkomponierte Inszenierung.
Wie ein gezielter Fokus verweisen Blickführung der Zuschauer und Parkrichtung der Wagen auf die »gefakte«, sich optisch im Hintergrund abspielende Realität. Der Kampf ist polierte Pose, gestellte Gewalt. Die Grenzen der Wahrnehmung der Umwelt verschwimmen, wie auch die Abgrenzung von privatem und öffentlichem Raum im Foto durch den Zaun vorne rechts und die sukzessiv immer unabgeschlossener werdenden Vorgärten dahinter vermittelt wird. Walls Fotografie verweist in letzter Konsequenz auf sich selbst und intendiert keineswegs eine eins-zu-eins-setzende Mimesis, wie es uns doch das Medium Fotografie intuitiv glaubhaft machen will. Jeff Wall äußerte sich zu seiner Groteske inszenierenden, die Absurdität der Alltagshandlungen vorführenden Kunst: »Ich glaube, meine Arbeit gilt weder dem Schönen noch dem Erhabenen. Sie gilt dem Grotesken. Grotesk meint einen eher dramatischen Zustand, den Zustand, noch nicht vollendet zu sein und, aufgrund sozialer, politischer, psychologischer Umstände, unter Deformation zu leiden.«

Blinky Palermo (1943–1977)
Flipper 1965
Öl auf Leinwand. 89 × 69,5 cm
Inv.-Nr. WAF PF 55. Seit 1985
Leihgabe des Wittelsbacher Ausgleichsfonds, Sammlung Prinz Franz von Bayern

An der Arbeit des Beuys-Schülers Blinky Palermo lässt sich demonstrieren, wie in minimalistischer Kunst Sensibilität und Konstruktion eine Einheit bilden. Wie schon der Titel andeutet, handelt es sich thematisch um die Wiedergabe eines »Flippers«, genauer gesagt, um die an sich triviale Seitenwandmusterung des Spielgerätes. Zwei Vorstellungen werden durchbrochen: 1. die der Vorlage aus dem Alltag; 2. die der störungsfreien Geometrie. Der Grund dafür ist der sorgfältige, konzentrierte Malvorgang, der die Annahme eines völlig gleichmäßigen Gerüsts von geometrischer Struktur auflöst und statt dessen einen streng subjektiven Malgestus trans-

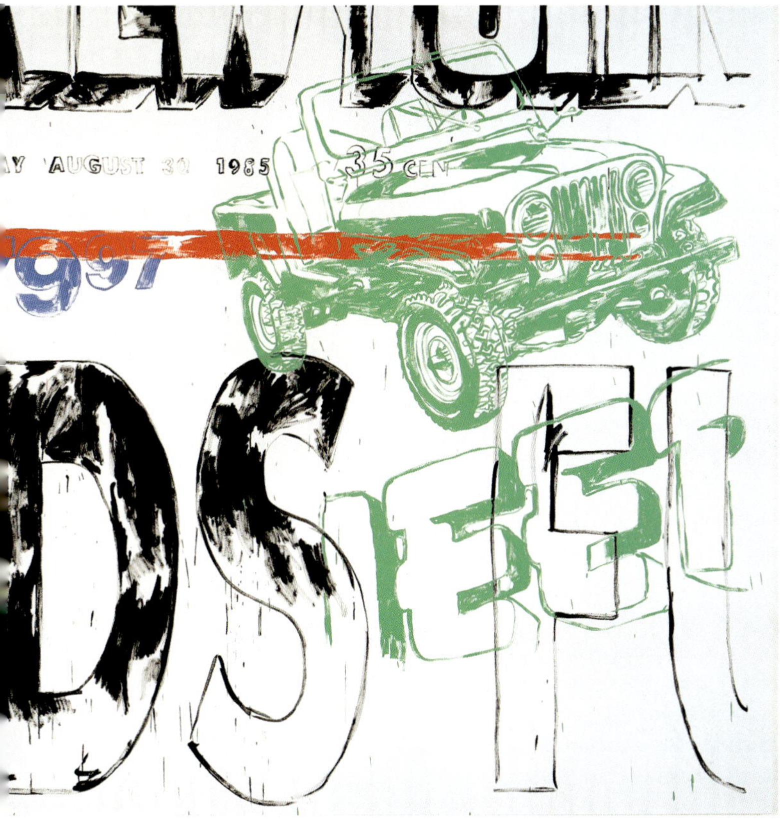

portiert. Der »späte Palermo«, so man dies überhaupt aufgrund des frühen Todes mit 34 Jahren sagen darf, verzichtet konsequent auf Figürliches. Reduktion ist und bleibt ihm Stilmittel, Farbvorgabe und Bildaussage.

Saal 32 – Andy Warhol

Andy Warhol (1928–1987)
AIDS / Jeep / Bicycle 1985 oder 1986
Kunstharzfarbe auf Leinwand
294,5 × 457 cm
Inv.-Nr. 15555. Erw. 2001

Diese Arbeit zeigt, wie anders im Vergleich mit früheren Werken der amerikanische Pop-Artist Andy Warhol mit den Themen Konsumgesellschaft, Werbewelt und Superstars umgeht. Nichts erinnert an die Serien der knallbunten Konterfeis seiner Selbst (*Selbstbildnis*, 1967) und von Berühmtheiten. Warhol hatte sie im Siebdruckverfahren zur beliebigen Kopie reduziert und zu werbewirksam austauschbaren Schablonen stilisiert. Die vielbelichteten Ikonen weichen Gebrauchsprestigegütern wie Rennrad und Jeep. An Stelle der Filmlegende ist Frank Sinatras Lied vom positiv gesehenen »New York New York« in Form eines Schriftzugs getreten. Die Assoziation der unbegrenzten Möglichkeiten und Hoffnungen (If you can make ist there, you can make it everywhere) wird in Frage gestellt, was die Buchstaben der vernichtenden Krankheit »AIDS« untermauern. Sie dominieren das Bild, durchstreichen die Fahrzeuge ebenso wie der rote Balken.

Saal 34 – Francis Bacon,
Georg Baselitz, Gerhard Richter,
George Segal

George Segal (1924–2000)
Alice, ihre Gedichte und Musik hörend 1970
Gips, Holz, Glas, Kassettenrecorder
240 × 240 × 82,5 cm
Inv.-Nr. B 657. Erw. 1973

Alice sitzt allein. Eingeengt, mit vor dem Körper verschränkten Armen ist die weißgipserne Figur an den Tisch vor das Fenster gerückt. Ihre zum Typus stilisierten Züge spiegeln sich im Fensterglas vor schwarzem Hintergrund. Der New Yorker Segal hat in diese reduzierte Alltagssituation reale Gegenstände (Transistorradio, Tisch, Stuhl) integriert, ein Environment, eine begehbare Raumobjekt-Kunst geschaffen. Hat sich vor uns der Vorhang für eine eingefrorene Szene von Isolation und eindimensionaler Kommunikation geöffnet? Ist die Dichterin Alice Notley so verletzt oder fühlt sie sich so schwer, wie uns das erhärtete Verbandsmaterial Glauben macht? Segal lässt uns zum Beobachter des Tableaus werden, in welchem jedes

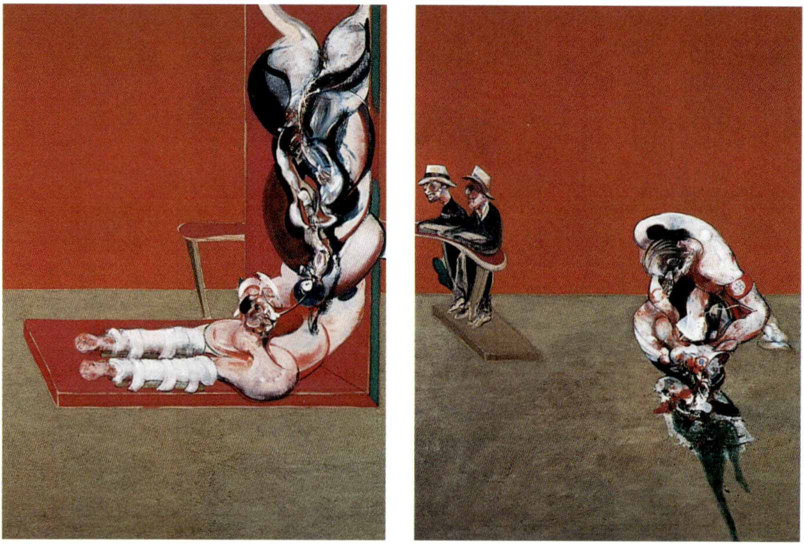

Objekt für sich Bestand hat. Und doch wird die Frage evoziert, ob die Aufmerksamkeit der Einbandagierten oder den unverständlichen Geräuschen des Kassettenrecorders gilt, der als pars pro toto für eine typische Situation von Einsamkeit steht.

Saal 34 – Francis Bacon,
Georg Baselitz, Gerhard Richter,
George Segal

Francis Bacon (1909–1992)
Kreuzigung 1965
Öl auf Leinwand. Je 198 × 147 cm
Inv.-Nr. GV 1-3. Seit 1967 Leihgabe der Museumsstiftung

Für Bacon gehören ausdrücklich zum Thema Kreuzigung »Bilder, die mit Schlachthöfen und Fleisch« (1962) zu tun haben. Die Frage nach dem Warum beantwortet der expressive Maler mit dem Kreuz als ein Stützwerk, »an dem sich Gefühle über das menschliche Verhalten aufhängen lassen«. Das Triptychon von 1965 beschreibt eine Komprimierung: Inhaltlich zeigt es von links nach rechts den Menschen als verstümmelten, blutigen Kadaver, dem die Haut vom Schädel gezogen ist, auf einem Krankenlager. Im Mittelteil sehen wir ihn als gefesseltes, geopfertes und ausgeweidetes Stück Schlachtvieh sowie auf der dritten Bildtafel als muskulösen Schänder mit Hakenkreuzbinde und in der Rolle der Voyeure. Formal setzt der irische Künstler das Leiden des Fleisches aber vor sterile Farbgeometrie. So zielt er bewusst auf schmerzende Wirkungsästhetik: Das abstrakt-expressionistische Bildgeschehen berührt den Betrachter ebenso unmittelbar, wie schon die Schlachthausszenen eines Rembrandt, Goya oder Corinth.

Saal 35 – Jasper Johns, Robert Rauschenberg, Willem de Kooning

Willem de Kooning (1904–1997)
Detour 1958
Öl auf Papier auf Leinwand
150 × 108 cm
Inv.-Nr. 14614, GV 57. 1979 erw. mit Unterstützung von PIN. Freunde der Pinakothek der Moderne

Mit dem Begriff Abstrakter Expressionismus lässt sich die aperspektivische, auf den Prozess der Malerei, die Aktion, verweisende Kunst Willem de Koonings bezeichnen, auch wenn sich der Rotterdamer dieser Titulierung bewusst durch figurative Malerei zu entledigen suchte. Auch einen »Umweg« beschreibt der dynamische Pinselduktus auf unserem Bild. Er sprengt in Form eines Dreiecks, das andere, breite Farbbahnen und Flächen überlagert, den Bildrahmen und kehrt als weiß-braune Geste ins Bild zurück. Will man eine realistische Bildsprache in und hinter dieser – die Komposition überfahrenden – Allover-Technik erkennen, muss man auf das offensichtliche Hin und Her der Pinselhiebe achten: Diese erwecken den Eindruck von Straßennetzen, geänderten Wegen und Richtungen. Den eigentlichen »Umweg« markiert aber die Handhabung von Farb- und Pinselführung De Koonings, der zusammen mit Jackson Pollock als *der* Vertreter des Action Paintings gilt.

Rotunde – Marino Marini, Henry Moore, Toni Stadler

Marino Marini (1901–1980)
Reiter 1947
Bronze, Schamotte in Spuren
100,5 × 67 × 49 cm
Inv.-Nr. B 702
1976 Stiftung Marino Marini

Einer der bedeutendsten Bildhauer des 20. Jahrhunderts ist Marino Marini. Seine Kunst kennzeichnet die inhaltlich und formal neue Sprache im Umgang mit der Tradition des Reiterdenkmals. Mit der Bronzeplastik *Reiter* von 1947 haben wir ein Beispiel einer »clownesken« Kongruenz, einer komisch-unbekümmert ausbalancierten Einheit. Später wird Marini das Reitermotiv – das er ständig variiert, da er es als Ausdrucksmöglichkeit seiner Hoffnungen und Ängste angesichts seiner Epoche versteht – zusehends auseinander streben lassen. Hier jedoch sitzt der Mensch gelöst auf dem Tier. Er achtet, in die Luft guckend, nicht auf das Pferd, das am Boden grasen will. Die standfeste Gruppe beherrscht zwei ausgleichende und doch kontrastierende Momente: 1. Körperschwere von Reiter und Pferd in Relation zu sehr fragilen Tierbeinen. 2. Auf- und Abwärtsbewegung von Mensch und Tier.

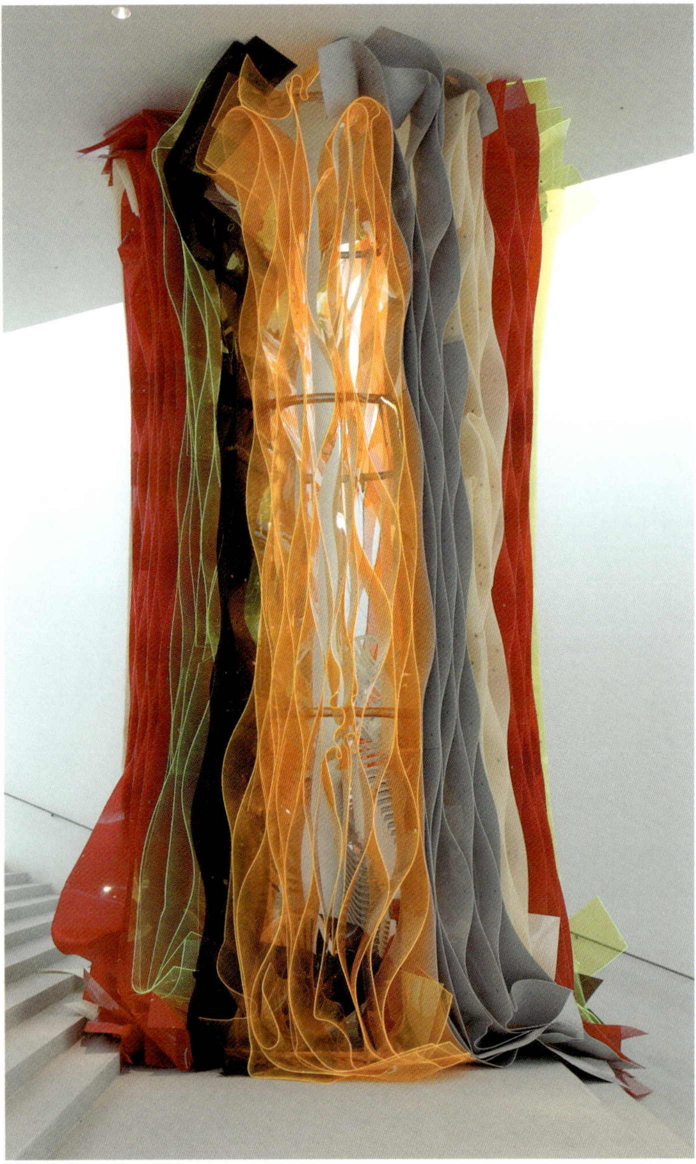

Treppe – Olaf Metzel, Sigmar Polke

Olaf Metzel (1952)
Reise nach Jerusalem 2002
Mit Plexiglas ummantelte Säule,
Plastikstühle, Stroboskop
H: 7 m, ø 3 m. Erw. 2002

Olaf Metzels Skulptur ist extra für die Eröffnung des Museums entstanden.

Die über sieben Meter hohe Installation markiert einen ausgesuchten Ort: die Säule auf dem mittleren Absatz des Prachtaufstiegs zum östlichen Obergeschoss. Die dort 25 Meter breite Treppe bildet mit ihrer theatralen Präsenz die Bühne für den grandiosen Auftritt der abstrakten Figur. Die Säule ist mit bunten Plexiglasbändern ummantelt, von gestapelten Stühlen umgeben. Sie weckt im Kontext des Showrooms, innerhalb der architektonischen Integration und wegen ihrer Eigenständigkeit diverse Assoziationen: Handelt es sich um eine glamouröse Filmdiva, die die Stufen hinabzuschreiten gedenkt? Kann man angesichts des kompakten Etwas auf den Stufen ungefährdet sitzen? Den letzten Gedanken evoziert die unerwartet unterbrochene Beleuchtung der Skulptur. Man spürt – analog zum Kinderspiel »Die Reise nach Jerusalem«, in welchem man, da plötzlich die Musik zu spielen aufhört, um seinen Sitzplatz kämpfen muss – existenzielles Unbehagen.

Erdgeschoss – Wechselausstellungen

Teresa Hubbard (1965) /
Alexander Birchler (1962)
Eight 2001
High Definition Video auf DVD mit Ton. 3 min 35 sek., geloopt, Ed. 8/10
Inv.-Nr. GV 132. Seit 2002 Leihgabe von PIN. Freunde der Pinakothek der Moderne

Mit der filmischen Arbeit *Eight* beginnt die rotierende Wechselausstellung zeitgenössischer Videos im Erdgeschoss. Hubbard und Birchler erzählen, konzentriert auf Atmosphäre und Emotion, vom ins Wasser gefallenen Geburtstag einer Achtjährigen. Die Kamerafahrt gleitet ohne Brüche von Plot zu Plot, ist ein synästhetisches Wechselspiel von Innen und Außen. Die geloopten Szenenfolgen sind so verschränkt, dass man die Übergänge zwischen wechselnden Raumebenen nicht bemerkt. So hören und sehen wir strömenden Regen vom behaglichen Zimmer aus. Wir beobachten das Mädchen am Fenster, während es in die verregnete Szenerie im Garten blickt. Im unwirtlichen Draußen schneidet es sich tropfnass und verlassen ein Stück Kuchen ab. Wieder in der Stube wird Akustisches transportiert. Das Geburtstagskind blickt erneut versonnen nach draußen.

Franz Marc (1880–1916)
Der Turm der blauen Pferde 1912
Tusche, Deckfarben. 14,3 × 9,4 cm
Inv.-Nr. 13550
Schenkung Sofie und Emanuel Fohn

»Wie schön ist die Karte – ich habe mir zu meinen Schimmeln immer solche meiner Lieblingsfarbe gewünscht. Fabelhaft künstlerisch sind die Mondsicheln, egypt. Kronprinzendolche, in der Haut der wiehernden Sagen. Wie soll ich Ihnen danken!!« So schrieb Else Lasker-Schüler am 3. Januar 1913 in einem Dankesbrief an Franz Marc für dessen Neujahrsgrüße in Form einer eigens gemalten Postkarte. Die begeisterte Erwähnung der »Mondsicheln, egypt. Kronprinzendolche« verweist auf zwei essentielle Faktoren – auf der biografischen Ebene einerseits, auf der künstlerischen andererseits: Die kosmologische Zeichensprache waren Dichterin wie Maler gleichermaßen bedeutend. Marc kannte Else Lasker-Schülers Gedichte bereits vor der persönlichen Bekanntschaft aufgrund deren Publikation in Herwarth Waldens Zeitschrift »Der Sturm«. Zweitens hält Marc hier Bildgedanken fest – die Inszenierung des »Tieres als Geistwesen« (Johannes Langner) – die er später in einer großen Komposition umsetzte. So ist seine berühmte Neujahrs-Postkarte der einzig bleibende Entwurf zu seinem verschollenen Gemälde *Der Turm der Blauen Pferde*, das der Maler des »Blauen Reiter« 1913 im bayerischen Voralpenland, in Sindelsdorf malte.

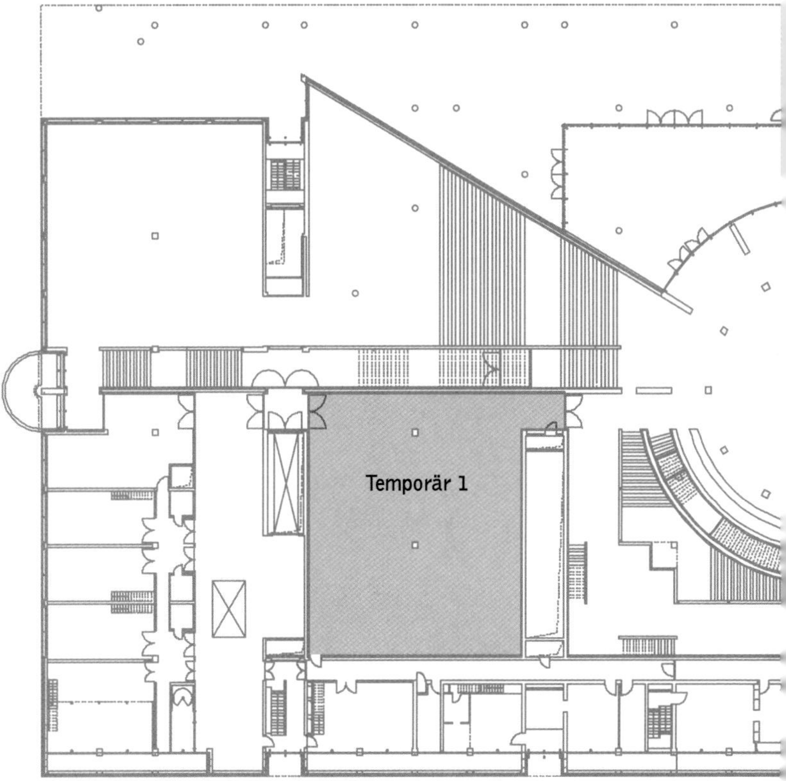

»Graphik im Rampenlicht«, das schließt sich wegen der Lichtempfindlichkeit des Sammlungsgegenstandes im Grunde aus. Und doch bezieht die Staatliche Graphische Sammlung mit dem Umzug aus ihrem verborgenen Sitz in der Meiserstraße 10 (seit 1949) in die Pinakothek der Moderne erstmals eine ihr angemessene, publikumswirksame Plattform. Die Räume für die ausgestellten, lichtempfindlichen Blätter erfordern Schonung, müssen mit Seiten- oder Kunstlicht ausgestattet sein. Daher hat Braunfels für die älteste der vier Sammlungen einen eigenen Trakt geschaffen.
Ein modernes Kupferstichkabinett, wenn man so will, im Erdgeschoss: Die Staatliche Graphische Sammlung wird in einem Vestibül, einem Atrium und in zwölf Wandvitrinen präsentiert.

Das Anliegen des Direktors Michael Semff, ist »eine Rauminstrumentalisierung, die bewirkt, dass sich die Blätter gegenseitig beflügeln, keine Didaktik.« Und weil die Arbeiten eben nicht lange dem Licht ausgesetzt werden dürfen, zeigt die Pinakothek der Moderne alle drei Monate wechselnde Ausstellungen. Unsere Auswahl entspricht der Eröffnungsschau, die beispielhaft für die alle Epochen vom 15. Jahrhundert bis zur zeitgenössischen Kunst umfassenden Bestände von etwa 400.000 Blättern (ca. 45.000 Zeichnungen, ca. 350.000 Druckgraphiken) steht. Der erstklassige Fundus reicht von »Altmeisterlichem« (Schongauer, Tizian, Rembrandt) bis zu Übergängen zur Moderne (Marées, Cezanne, van Gogh) über Vertreter der Klassischen Moderne (Marc, Klee) bis zu den Werken internationaler

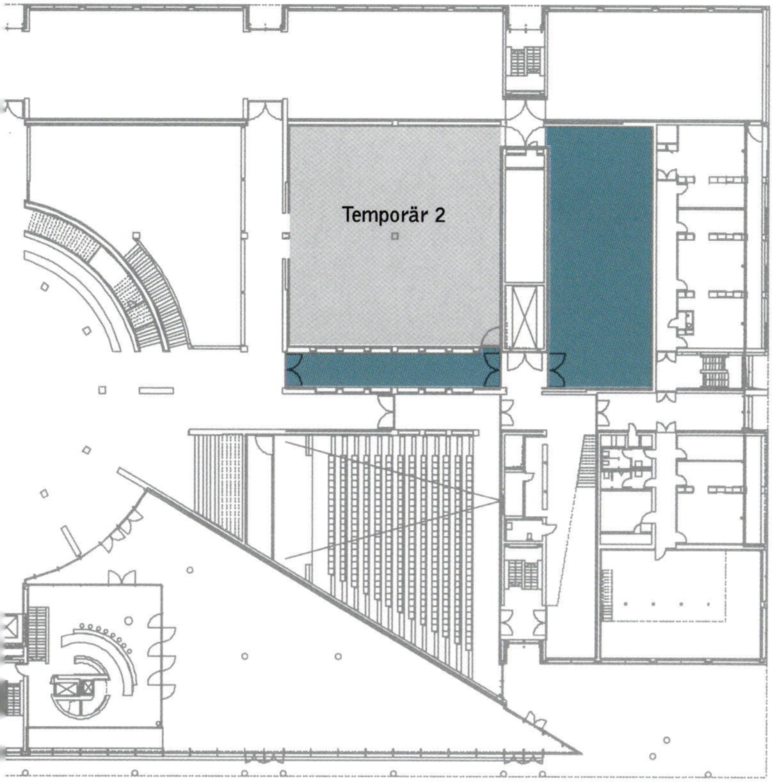

Graphik wie etwa denen von Baselitz, Marden oder Wols. Die im folgenden bewusst vorgenommene Einteilung der ausgesuchten Graphiken in der Gegenüberstellung von Alt und Neu nach gemeinsamen Themen, trägt der Modernität von Graphik im Kontext der Integration in die Pinakothek der Moderne Rechnung.

Die Ursprünge der Sammlung liegen in dem 1758 gegründeten Kupferstich- und Zeichenkabinett des Kurfürsten Carl Theodor im Schloss Mannheim, der Sehschule für die damalige Akademie. Johann Georg Dillis inventarisierte den Bestand von gut 80.000 Blättern, der gegen Ende des 18. Jahrhunderts nach München gelangte. Die Geschichte der Sammlung steht mit König Ludwig I. in engem Zusammenhang sowie dem Zusammenschluss des Zeichen- und Kupferstichkabinetts 1746 in der Alten Pinakothek. Kurz vor den 20er Jahren des 20. Jahrhunderts zog die »Königlich Graphische Sammlung« in die Neue Pinakothek. Durch die Beschlagnahmung als »entartet« gebrandmarkter, essentieller Werke durch die Nationalsozialisten sowie durch den Zweiten Weltkrieg erlitt sie große Verluste an kostbaren alten wie modernen Schätzen. Ohne die Vermächtnisse und Stiftungen wie Ludwig Gutbier, Sofie und Emanuel Fohn, Wothy und Theodor Werner, die Sammlung Kruss, den ehemaligen Galerie Verein (PIN. Freunde der Pinakothek der Moderne) und die Erika und Karl Rössing-Stiftung wäre die Staatliche Graphische Sammlung heute nicht die, die wir bestaunen können.

Modellkörper: Mann

El Greco, eigtl. Domenico Theotocopuli (1541–1613)
Studie nach Michelangelos *Giorno*
Um 1570
Schwarzer Stift, weiß gehöht, auf blauem Papier, von Vasari in Feder und Pinsel mit brauner Tinte umrandet, an den Rändern zusätzlich blau laviert. 59,8 × 24,5 cm
Inv.-Nr. 13756 Z

El Grecos Münchener Blatt bürgt für Einmaligkeit in mehrfacher Hinsicht: Es ist das einzige erhaltene graphische Zeugnis seines Italienaufenthaltes. Was die Provenienz anbelangt, kann ihm die Zeichnung – trotz der Irrwege in der Forschung – eindeutig zugewiesen werden. Kein Geringerer als der »Kunstgeschichtsschreiber« Giorgio Vasari hat sie seinerzeit beschriftet und in die eigene Sammlung aufgenommen. Die Größe der Zeichnung lässt die Vermutung zu, dass sie El Greco um 1570 direkt vor Michelangelos Skulptur (in San Lorenzo) gezeichnet haben mag. 1567 reiste er nach Venedig, drei Jahre später nach Rom. Ein Aufenthalt in Florenz liegt nahe. El Grecos' Fassung illuminiert Michelangelos' liegenden *Tag* von innen heraus. Der massige Körper strahlt nicht zuletzt kraft der differenziert herausgestellten Licht- und Schattenzonen.

Modellkörper: Mann

Giorgio de Chirico (1888–1978)
Il Condottiere 1917
Bleistift. 31,7 × 21,7 cm
Inv.-Nr. 1966:100 Z. Privatbesitz

Il Condottiere hat de Chirico sein graphisches Blatt benannt – der »Heerführer«. Tatsächlich gepanzert, mathematisch kombiniert, verschraubt und aus hölzernen Dreiecken und Rechengeräten zusammengezimmert steht diese Gliederpuppe, der »manicino«, für de Chiricos Automaten-Konzeption. Der »metaphysische« Modellkörper Mann wirkt wie ein Versatzstück aus und zu seinen bedrohlich menschenleeren, italienischen Piazze. In Kopf- und Körperhaltung erinnert die Schneiderpuppen-Studie zweifelsfrei an den gesichtslosen Helden aus dem Ölgemälde *Hektor und Andromache*. Wegen der absurd-surrealistischen Verschränkung von maschineller Kühle und Unheimlich-Gegenständlichem des bizarren Maschinenkörpers rückt man de Chiricos Roboter-Menschen gerne interpretatorisch in den Kontext einer »Persiflage des technischen Funktionalismus«. Grundsätzlich empfindet man sie als »Produkte einer alles verschlingenden Verstandesmäßigkeit« (Patrick Waldberg) – auf Traumwegen.

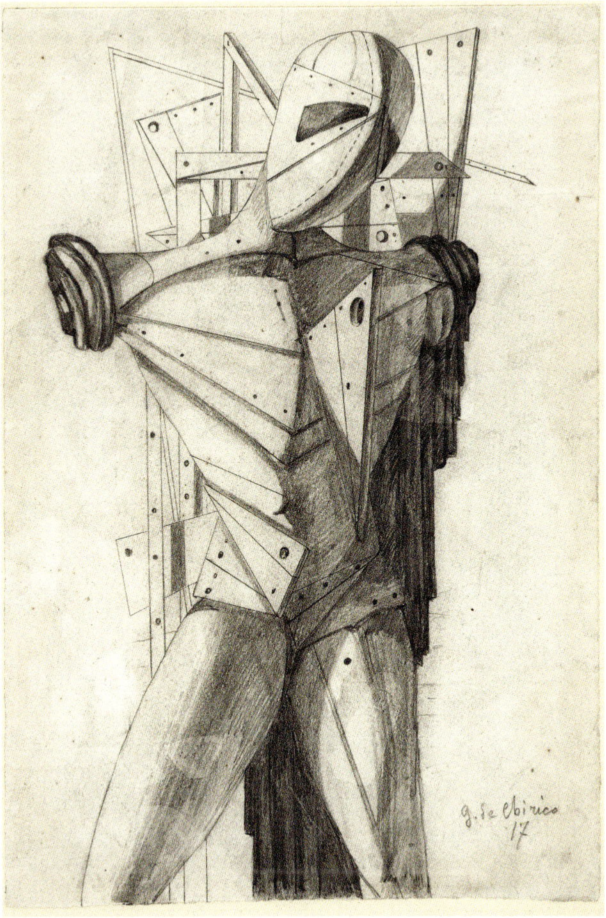

Salvador Dalí (1904–1989)
Gradiva 1932
Tuschfeder auf abgeschliffenem Schmirgelpapier. 63 × 45,5 cm
Inv.-Nr. 1975:26 Z

Wie Bild, Text und Leben oftmals verschmelzen und unterschiedliche Sichtweisen evozieren, zeigt diese Tuschfederzeichnung in exorbitanter Weise. Dalís *Gradiva* hat biografischen Hintergrund. Sie demonstriert die Reflexion Dalís von Sigmund Freuds Psychoanalyse und dort antizipierter Literatur. Die nackte, uns mit dem Rücken zugewandte Frau hält einen Totenschädel in ihrer Rechten, scheint ihn vor felsiger Landschaft anzusprechen, ihn zärtlich anzuhauchen. Tatsächlich hatte Gala Eluard den exzentrischen Katalanen 1929 wieder neue Lebenskraft verliehen, ihm zur Genesung von massiv-depressiven Schüben verholfen. *Gradiva*, die »Vorwärtsschreitende« beschreibt aber nicht nur Dalís Frau als vielfach variierte, surrealistisch-halluzinatorische Mythosfigur: Sigmund Freud hatte die Novelle »Gradiva« von Wilhelm Jensen aufgrund ihres Wahnvorstellungsthemas zum Analysegegenstand eines Essays gemacht, den der Maler kannte.

Ansichtssache: Psychologie

Georg Baselitz (1938)
Mädchen von Olmo 1982
Tusche in Schwarz und Öl auf Papier
86 × 61 cm
Inv.-Nr. WAF PF 42 Z
Leihgabe des Wittelsbacher Ausgleichsfonds, Sammlung Prinz Franz von Bayern

Beinahe frei von jeglichem interpretatorischen Ansatz oder biografischen Rückschlüssen ist dagegen Baselitz' Tuschzeichnung. Sein radelndes *Mädchen von Olmo* steht Kopf, setzt gezielt ein »Bild«-Zeichen für das Gemälde als Gemälde an sich. Der Inhalt ist nur ein Gerüst, welches dem Betrachter eine Art formale Orientierung verschafft. Die skizzenhaft wirkende Darstellung kann so als Verbildlichung eines übergreifenden, malerisch freien Werkprozesses gleichberechtigter Elemente verstanden werden. Denn: Hier will nicht wirklich bezeichnet, erklärt, gedeutet sein. Es ist der Malgestus, der tradierte Bildreglements überschreibt, den Rahmen sprengt. Baselitz' Zeichnung ist eine bunt-übersprenkelte »Schwarz-Weiß-Malerei«, die gar keine mehr ist. Ein Vertauschen von Sehgewohnheit, bildgestaltenden Ansichten und Betonung so genannter »reiner Malerei«.

Expressiver Gestus im Porträt

Matthias Grünewald
(um 1470/80–1528)
Halbfigur einer anbetenden Frau
(verso). Um 1515
Schwarze Kreide. 39 × 29,9 cm
Inv.-Nr. 1983:85 Z

Um die Herkunft von Matthias Grünewald wird immer noch gerätselt: Wann er geboren wurde, wo er sich niederließ, ist nicht sicher. Wie er wirklich hieß, im Grunde auch nicht. Kein Zweifel besteht allerdings über die Tatsache, dass der große, altdeutsche Maler alle Bildkompositionen akribisch mit Skizzen vorbereitete. Seine *Halbfigur einer Bürgersfrau* lässt sich deswegen in die Nähe seines Hauptwerkes, des *Isenheimer Altars* rücken, weil sich der Künstler immer wieder mit der Darstellung der in frommer Andacht Betenden oder auch mit der wegen Christi Leid selbst Leidenden befasste. Zwei Merkmalen ist auch bei dieser ausdrucksstarken Kreidezeichnung einer Innenschau Aufmerksamkeit zu schenken:
Den, wenn man so will, von Emotion sprechenden Händen und dem Gesicht, dem deutlich die Gefühle einer ältlichen, mütterlichen Bürgersfrau in ihrer schlichten, stillen Kontemplation abzulesen sind.

Expressiver Gestus im Porträt

Ernst Ludwig Kirchner (1880–1938)
Frauenkopf Um 1913
Bleistift. 40 × 26,8 cm
Inv.-Nr. 1978:2 recto Z

Im Zeitraum der Entstehung dieser Zeichnung hielt sich der Brücke-Maler (die Künstlergruppe hatte sich inzwischen getrennt) mehrfach auf der Ostseeinsel Fehmarn auf. Dort schnitzte Kirchner Figuren aus gestrandetem Eichenholz. Auch wenn der Einfluss des plastischen Arbeitens auf das zeichnerische und malerische Schaffen in seinen Arbeiten oft spürbar wird, ist hier auf andere Merkmale zu achten: Die Anatomie des Frauengesichtes ist streng gegliedert und überlängt, beinahe wie eine Vorstufe zu seinen gelängten Berliner Kokotten. Deutlich tritt die Härte der Strichlagen in Frisur, Wangenpartie und Hals hervor. Die Wiedergabe der großen schweren Augen und der markanten, schmalen Nase bestätigen die Porträtierung der Lebensgefährtin Erna Schilling. Interessant ist der Aspekt des flüchtigen Malgestus'. Kirchner hatte in seinem Tagebuch, auch wenn er die Bemerkung erst einige Jahre später (1925) notierte, festgehalten: »Wie dumm und oberflächlich die Menschen urteilen, sie sehen nicht, dass gerade das Flüchtige in meinen Zeichnungen das Wichtigste ist, weil ich dadurch die feinste erste Empfindung einfange.«

Abstraktionsvermögen

Wols, eigtl. Alfred Otto Wagner Schulze (1913–1951)
Ohne Titel 1942/1945
Mischtechnik, Tusche, Aquarell
22,2 × 13,8 cm
Inv.-Nr. WAF PF 167 Z
Leihgabe des Wittelsbacher Ausgleichsfonds, Sammlung Prinz Franz von Bayern

Wols' hier gezeigtes, mit Tusche und Aquarellfarben gefertigtes Blatt animiert zum Weiterdenken. Das Beschreibungsinventar reicht nicht aus, spricht man vom tierähnlichen Kopf, einem Insekt oder einer alten Borke mit Wucherungen. Immer wieder entdeckt der Betrachterblick Neues in diesem pflanzlichen, quallenartigen Wesen: Pantoffeltierchen, Blätter, Fädchen, Tentakel, Rinde.

Auch wenn sich die Begrifflichkeiten gegenseitig ausschließen: Wols' Gebilde ist abstrakt und biomorph zugleich, wie die Formgebung und Verfestigung einer halluzinatorischen Gestalt. Ein Schwebezustand, inhaltlich wie gestalterisch. Selbst die konturgebende, umschließende Tusche verfließt und verflüchtigt sich in die aquarellierte Farbe. Unter den malenden Händen des vielseitig Begabten entstand ein Kunstwerk von freier Formensprache, welches das biografische Extrakt eines psychisch und physisch Leidenden verbildlicht: Die lyrisch-abstrakte »Zeichnung« eines vom Zweiten Weltkrieg, der anschließenden Internierung und Alkoholexzessen Gezeichneten, der bereits mit 37 Jahren verstarb.

Abstraktionsvermögen

Henri Matisse (1869–1954)
Liegender weiblicher Akt Um 1928
Kohle und brauner Stift, gewischt, auf gelblichem »Ingres d'Arches«
48 x 62,7 cm
Inv.-Nr. 2000:3 Z

Spannend an diesem nicht exakt zu datierenden Blatt ist eine ganz eigene Art der Zeichnung mit diffusen, das Abstraktionsvermögen des Betrachters ansprechenden Partien. Matisse hat seinen weiblichen Akt zwar plastisch gestaltet, doch finden wir auch unterschiedlich »dekorative« Zonen: Wie eine Odaliske oder eine Venus ruht die junge Frau auf einem Kissen mit blumigem Muster. Weich ist dabei nicht gleich weich, was die differenzierte Gestaltung von Stoff, verschwommenem Gesichtsausdruck, Haaren, Haut und Leibesfülle augenfällig macht. Die Silhouette der Liegenden ist markant konturiert, die Schraffur zart. Die Wischtechnik akzentuiert Farbwerte, deutet an, will vom Betrachterauge ergänzt sein – besonders bei der Augenpartie und den Füßen. Die Forschung sieht im Habitus Parallelen zu den Studien zu einer schlafenden Nackten aus Bronze aus den späten 20er Jahren.

Pferd und Reiter

Peter Paul Rubens (1577–1640)
Reiterbildnis des Herzogs von Lerma 1603
Schwarze Kreide, Feder und Pinsel in Braun, laviert, Weißhöhung
67,3 × 41 cm
Inv.-Nr. 1983:84 Z

Er war siegreich, hatte Macht und Einfluss – und wollte genau dies dargestellt wissen. 1603 beauftragt der Herzog von Lerma den Antwerpener Künstler Peter Paul Rubens mit der Fertigung eines Reiterbildnisses. Das Blatt von 1903 ist eine Vorstudie zum Gemälde. Ganz nach Maßgabe der ruhmreichen Imperatoren-Darstellung hoch zu Ross – und so in der Tradition des Reiterstandbildes des römischen Kaisers Marc Aurel – ist der Herzog gezeichnet. Das Pferd ist der Sockel des erfolgreichen Tatmenschen (in der unteren Bildzone wütet eine Schlacht; der Herzog hält den Befehlsstab in seiner Hand). Er selbst ist von attributiven Beigaben umgeben: Die Einheit Pferd und Herrscher wird von einem Lorbeerbaum (Ruhmeszeichen) und Palmwedeln (Signum des Sieges) sowie von Efeuranken (Hinweis auf Beständigkeit) wie von einer Laube im Halbrund bedacht.

Pferd und Reiter

Hans von Marées (1837–1887)
Zweigespann (Biga) Gegen 1880
Rötel, gewischt. 38,2 × 41,6 cm
Inv.-Nr.: 1913:44 Z

Pferd und Mensch erscheinen in Marées bekanntester Rötelzeichnung der Graphischen Sammlung in gänzlich anderem Bezug zueinander als im Reiterbild von Rubens: Das Blatt avanciert zum kraftvollen Bild des Zusammentreffens von einem Wagenlenker und seinem Zweigespann mit zwei Menschen. Kraftvoll insofern, als der Künstler augenfällig Muskeln, Körpervolumen, Rundungen des nackten Mannes auf dem Wagen, der gezügelten Pferde und der in Rückenansicht wiedergegebenen, gleichsam ver- und enthüllt bekleideten Frau im vorderen rechten Bildeck, herausgestellt hat. Die ausdrucksstarke Komposition verdichtet sich in Form eines Dreiecks vom Kopf des seitlich gezeigten Tieres, über Hände und Blick des Wagenführers auf die Frau im Bildvordergrund und über deren Blickrichtung zurück zur Gruppe aus Wagenlenker und Pferden. Im Bild fügen sich Elemente frühen und späteren Stils eindrucksvoll zu einem Ganzen: der bewegte Zeichenduktus, die Arbeit mit Überschneidungen bzw. Verkürzung sowie das Schraffieren in breiten Lagen.

Kurt Schwitters (1887–1948)
Ohne Titel »(Saba) - dem Neroh der Kunst« Um 1932
Collage. 14,7 × 11 cm
Inv.-Nr. 1994:14

Schwitters typisches MERZbild ist Zeichen einer ganz persönlichen Handschrift, die sich aus zusammengestellten, sich überlagernden Abfallschnipseln zur Collage formt. Das Blatt mit seinen mehrfachen Ebenen ist aber auch ein Mehrfach-Beleg für eine Kunst, die seinerzeit selbst von zeitgenössischen Künstlern verkannt, vom Normal-Bürger ganz und gar nicht verstanden, von der Berliner Avantgarde sehr wohl akzeptiert wurde: als gegliedertes Arrangement mit an sich unabhängiger Formensprache, als Offenbarwerden von Raum, weil sich die Papiere überdecken. Schwitters hat sein Blatt Franz Roh gewidmet, jenem »Neroh«, der als entartet diffamierter Kunst wieder ins Rampenlicht verhalf. Durch diese Zueignung wird es im Kontext der Geschichte der Pinakothek der Moderne essentiell und beweist hier ungewollt die signifikante Mehrschichtigkeit – »weil diese ohne die Verteidigung der zeitgenössischen Kunst nie gebaut worden wäre« (Hanne Weskott).

Persönliche Handschrift

Brice Marden (1938)
Aus Untitled Workbook 1986
Braune Tinte. 50 × 75 cm
Inv.-Nr. GV 676 Z
Leihgabe von PIN. Freunde der Pinakothek der Moderne

Brice Marden ist einer jener Künstler, jener Mystiker, die sich wieder und wieder in Frage stellen. Über die Jahre hinweg unterwirft er sein Schaffen den Prämissen des Suchens, Verbesserns, Auslöschens, Neugestaltens. Dieses Blatt aus seinem *Untitled Workbook* ist aus dreierlei Gründen prägend für einen solchen Werkprozess: Es ist ungewöhnlich großformatig angelegt. Es ist signifikant für eine kalligrafische Zeichenkunst, die den Begriff »Energie« als Energielinie begreift und realisiert. Und es markiert nur eine Modifikation – die der meditativen Malhaltung in Form transparenter Linienführung – innerhalb eines variantenreichen Ausdrucks- und Selbstfindungsspektrums. Mardens schönlinig, mit strauchähnlichen Organismen rhythmisiertes »Schrift-Bild« erklärt Schrift und Bild als wortwörtlich individuelle, wandelbare Zeichen-Kraft. Willem de Kooning soll einmal gesagt haben: »Man hat die Ausdrucksform, die man möchte, dann verliert man sie und schließlich gewinnt man sie wieder. Man muß sich wandeln, um gleich zu bleiben.« Diese Worte lassen sich auch auf die Kunst Brice Mardens übertragen.

Architektur - Architekturmuseum der Technischen Universität München

Carl von Fischer (1782–1820)
Entwurf für ein Opernhaus in Wien,
Querschnitt. 1803
Feder, aquarelliert. 62,0 × 97,0 cm
Inv.-Nr. 1976/3.4

Carl von Fischers Nachlass mit 270 Blättern ist für das Architekturmuseum ein repräsentatives Aushängeschild. Diese aquarellierte Federzeichnung ist nicht einfach ein Blatt aus einem sechsteiligen Plansatz zu einem Theater, vielmehr stellt der Entwurf, den Fischer als Student anfertigte, einen Höhepunkt in der Geschichte der Architekturzeichnung dar. Der Querschnitt betont – einer gemalten Augentäuschung ähnlich – besonders die räumliche Illusion, den Einblick in ein vermeintlich echtes Modell. Dieser Eindruck entsteht vor allem durch die auf genaue Licht- und Schattenführung bedachte Wiedergabe des klassizistischen Innenraumes des Opernhauses in hervorragender Aquarelltechnik: Unterschiedliche bautechnische Elemente wie die Konstruktion des Dachstuhls lassen sich ebenso gut erkennen wie verschiedene Baumaterialen und dekorative Details, etwa das Dekor der Friese und der Kapitelle.

FRANCISCUS II ROM: IMP

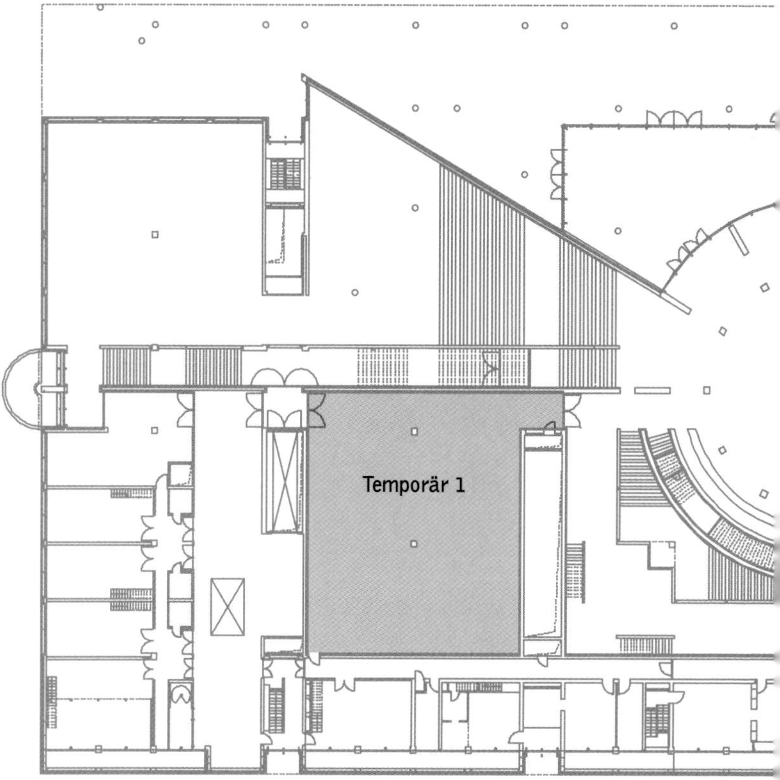

Auch das Architekturmuseum darf seine Zeichnungen wie die Graphische Sammlung nur wenige Monate dem Licht aussetzen und kann seine Schätze nur im Wechsel präsentieren. Winfried Nerdinger, Direktor des Architekturmuseums, zeigt zur Eröffnung keine Highlights: »(...) das wäre lediglich etwas Additives. Wir möchten lieber einen roten Faden legen – mit dem Thema: ›Konstruktion und Raum in der Architektur des 20. Jahrhunderts‹«. Unser Katalog bietet unter Beachtung dieser Aspekte eine gezielte Auswahl. Vorgestellt werden Arbeiten, mit deren Ausstellung das Architekturmuseum in Zukunft Schwerpunkte setzen will. Sinnfälligerweise eröffnet das Architekturmuseum mit Darstellungen zu jenem Münchener Bau seine Abteilung in der Pinakothek der Moderne, der selbst als Ausstellungsgebäude gedacht war: mit August von Voits »Glaspalast« von 1853/54.

Als Kern und Ursprung des Architekturmuseums bezeichnet Winfried Nerdinger Carl von Fischer. Er war nicht nur der erste bayerische Architekturdozent, auch wurden seine Zeichnungen komplett aus der Akademie der Bildenden Künste 1868 an die »Neue Polytechnische Schule«, wie sich die Technische Universität München damals nannte, auf Anordnung König Ludwig II. übergeben. Das Architekturmuseum – 1989 taufte man die Sammlung auf diesen Namen – entwickelte sich aus den angeforderten Blättern, Modellen und Gipsabgüssen sowie aus Werken der königlichen Privatsammlungen für die Studenten als Nachahmungs- und Lehrobjekte. Zahlreiche Schenkungen, Ankäufe und Archivübernahmen

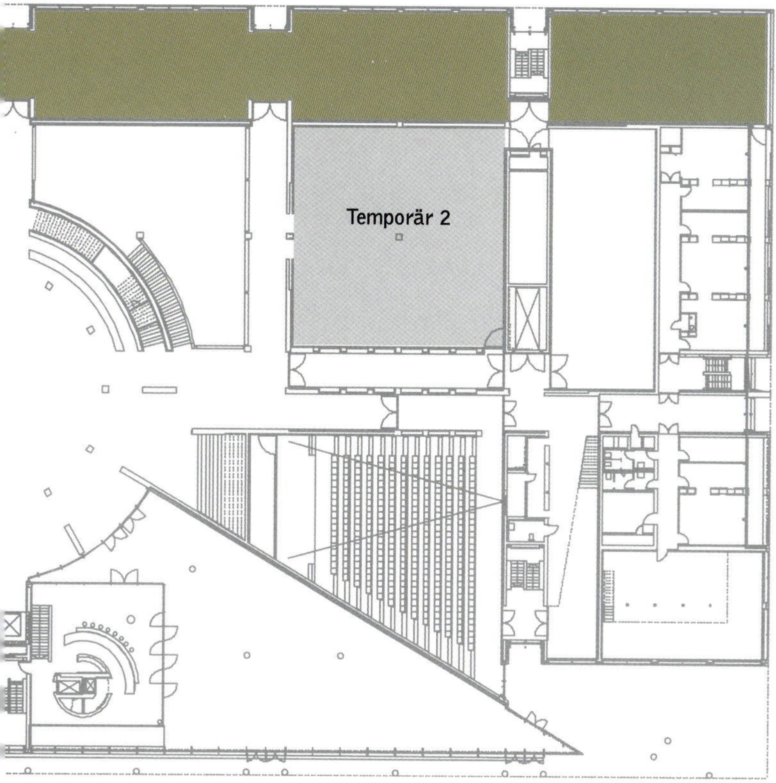

vergrößerten den Bestand. Nach dem Ersten Weltkrieg bestimmten »Konstruktion, Funktion und Bautechnik« das Architekturstudium: Der historische Fundus verschwand aus der Öffentlichkeit, und nach dem Zweiten Weltkrieg wanderte er endgültig ins Depot. Die Sammeltätigkeit setzte sich über die Jahre hinweg fort. Durch die Kollaboration mit dem Münchener Stadtmuseum erhielt die Architektursammlung, der es an der Universität an passenden Ausstellungsräumen und Finanzen mangelte, 1977 gute Präsentationsmöglichkeiten.

Ein wirklich eigenes Profil erhält sie aber erstmalig durch die zweckmäßige Ausstellungsfläche in der Pinakothek der Moderne. Das adäquate »Schaufenster« der Spezialsammlung von etwa 300.000 Zeichnungen, 100.000 Fotografien und 100 Modellen hat eine mediale Funktion: Es vermittelt auf 1000 Quadratmetern im Erdgeschoss der Pinakothek der Moderne zwischen den unterschiedlichen Kunstgattungen im Haus: Es lässt den Museumsbesucher ein Gesamtbild von Lebenswelt als urbanem Konzept von Bauten bis hin zur Inneneinrichtung (Designobjekte der Neuen Sammlung) erleben.

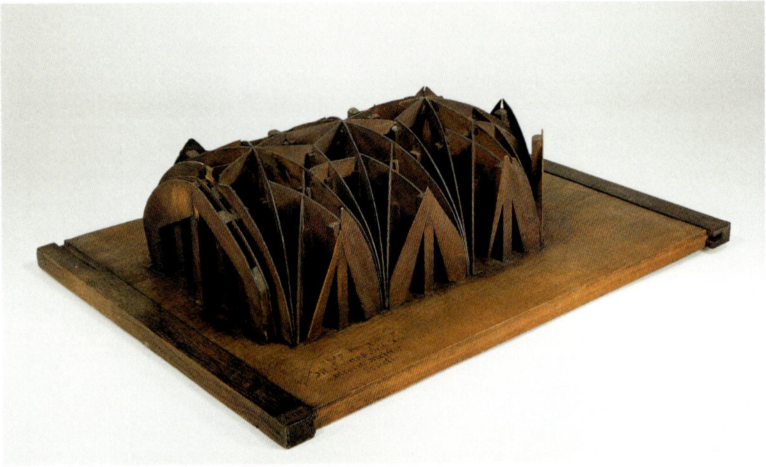

Hans Heiß

Lehrbogenmodell eines gotischen Netzgewölbes 1659

Holz. 46,0 × 59,0 × 16,5 cm

Inv.-Nr. 1996/M 350

Das hölzerne Meisterstück eines gotischen Netzrippengewölbes von Hans Heiß war neben Zeichnungen Bestandteil der Meisterprüfung der Nürnberger Steinmetze. Bei diesen Modellen handelte es sich nicht um maßstabsgetreue Modelle wie wir sie heute kennen. Vielmehr sollten sie das statisch bedingte Rippensystem, das sich aus Grundriss und Gewölbebogen ergibt, wiedergeben: Aufbau und Kraftlinien der Konstruktion sollten nachvollziehbar sein. So zeigt das Modell auch nicht nur die aufgehenden Bögen, sondern auf der Bodenplatte ist zudem der Grundriss eingeritzt ablesbar. An dieser Handwerkspraxis, für die das Lehrbogenmodell des Hans Heiß eines der ältesten erhaltenen Beispiele darstellt, wurde in Süddeutschland bis weit ins 18. Jahrhundert festgehalten.

Johann Georg Dientzenhofer
(1665–1726)
Längsschnitt und halber Grundriss der Klosterkirche Banz Um 1710
Feder, grau laviert. 48,5 × 72,6 cm
Inv.-Nr. 2253 C

Die Benediktinerkirche (ab 1710) und das Kloster Banz haben eine über 80jährige Planungs- und Baugeschichte. Begonnen hatte Johann Leonhard Dientzenhofer 1698 mit dem Bau des Konventgebäudes. Das hier gezeigte Blatt seines Bruders, Johann Georg Dientzenhofer, datiert um 1710, reiht sich in die Dokumente der Entwurfs- und Entstehungszeit ein. Es ist ein signifikanter Beleg für die barocke Architekturzeichnung. Sie fungiert als Informationsquelle für Bauleute und Handwerker. Die grau lavierte Federzeichnung zeigt einen Grundriss, einen Aufriss sowie einen Orthogonal-Schnitt – eine damals häufig vorkommende Anordnung. Die avisierte Ausgestaltung und das schmückende Beiwerk der Benediktinerkirche werden nicht dargestellt.

August von Voit (1801–1870)
Glaspalast in München 1854
Kupferstich von J.G. Poppel und
G. M. Kurz, aquarelliert
24,4 × 34,0 cm
Inv.-Nr. S 10/1/6.9.5

1854 sollte, in Anlehnung an die erste Weltausstellung in London, der deutschen Industrie in Form einer Leistungsschau gehuldigt werden. Der von Voit und Werder geplanten Eisen-Glas-Konstruktion diente der Londoner Kristallpalast als Vorbild. Konstruktiv stellte der Münchener Bau sogar eine Weiterentwicklung dar: die Zahl der Elemente wurde reduziert und die Konstruktion statisch verbessert.
Als revolutionär erwies sich der Glaspalast, der bis zum Brand im Jahr 1931 als Ausstellungshalle genutzt werden sollte, aus unterschiedlichen Gründen. 1. Konstruktion: Das skelettartige, dünne Stützen- und Trägergerüst aus Eisen und Stahl hob gängige Vorstellungen von Masse und Tektonik aus den Angeln.
2. Zeitfaktor: Die Bauzeit war sensationell schnell – zwei Monate Planung, acht Monate Ausführung – da Voit vorgefertigte Eisenteile verwenden

ließ. 3. Erscheinung: Am Äußeren des Glaspalastes konnte durch die Rasterbauweise und durch die transparente Fassadengestaltung die Konstruktion nachvollzogen werden. Das Innere des Baus mit basilikalem Querschnitt vermittelte mit seinem rund 234 m langen Mittelschiff einen atemberaubenden, licht- und platzschaffenden Raumeindruck.

Gottfried Semper (1803–1879)
Entwurf für ein Richard-Wagner-Festspielhaus in München 1866
Feder, grau laviert. 65,5 × 99,5 cm
Inv.-Nr. 1970/127

Wäre es nach dem Willen König Ludwigs II. gegangen, hätte Semper ein Festspielhaus für Richard Wagner in München am Isarhochufer mit zum Wasser hin orientierter Prachtfassade errichtet. Das Projekt stellt in seiner räumlichen Konzeption einen Höhepunkt in der Geschichte des Theaterbaus des 19. Jahrhunderts dar. Das nüchterne Blatt aus der 58 Blätter umfassenden Planung zeigt, dass Semper, wenngleich eine zentrale Größe unter den deutschen Architekten seiner Zeit, jedoch kein großer Architekturzeichner im damaligen Sinne war: Er legte großen Wert auf Objektivität, verzichtete aber auf farbige Lavierung und reduzierte seine Entwürfe auf monochrome Farbgebung in Erdtönen. So tritt das Massige des steinernen Monumentalbaus, nicht zuletzt auch wegen Sempers Ausführung, als dünne Strichzeichnung in Erscheinung. Das von dem Richard Wagner-Jünger, König Ludwig II., gewünschte Festspielhaus-Projekt in München wurde allerdings nicht realisiert.

Bruno Taut (1880–1938)/
Franz Hoffmann (1884–1951)
Taut & Hoffman
Monument des Eisens auf der internationalen Baufachausstellung Leipzig 1913 Um 1912/13
Stahl vernickelt, Blei, Kupfer vernickelt, Eisen. Model M 1:275
11,7 × 12,0 × 10,9 cm
Inv.-Nr. 2000/M 333

Das Modell ist klein, ein Schmuckstückchen. Bruno Tauts wirkliches »Monument des Eisens« von 30 Metern Höhe – ein Ausstellungspavillon des deutschen Stahlwerk-Verbandes und des Vereins Deutscher Brücken- und Eisenbahnfabriken – war *die* Attraktion der Leipziger Baufachausstellung von 1913. Der Bau in Form einer Stufenpyramide auf oktogonalem Grundriss wirkte mit seinen vom Boden bis zur Decke reichenden, grüngelben Fenstern nahezu »kathedral«. Den krönenden Abschluss der vier, dynamisch gen Himmel strebenden Geschosse aus Stahlträgern, bildete eine vergoldete Kugel von 9 m Durchmesser. Signifikant war die Wahl und die technische Anwendung der Stahlprofile für einen repräsentativen Bau. Taut verfolgte die Absicht, sowohl im Äußeren wie im Inneren den Charakter von Eisen zu demonstrieren, einem Werkstoff, der im oberen Mittelraum des Ausstellungspavillons in einer kinemathografischen Schau präsentiert wurde. Der Bau beeindruckte durch sein kraftvolles Erscheinungsbild, die Einfachheit der Details und propagierte so eine neue, moderne Architektur.

Erich Mendelsohn (1887–1953) /
Hans Schwippert (1899–1973)
Trikotagen- und Strumpfwarenfabrik »Krasnoje Snamja« in Leningrad
(heute: Sankt Petersburg). 1925
Schwarze Pastellkreide auf Transparentpapier, auf Karton montiert
28,8 × 42,3 cm
Inv.-Nr. D 70/1/4.0

Wie ein schützender Hafen mit vor Anker gegangenen Schiffen wirkt der Gebäudekomplex der Trikotagen- und Strumpfwarenfabrik »Krasnoje Snamja« (»Rote Flagge«). Mendelsohns L-förmig konzipierte Fabrikanlage kann als erster moderner Industriebau in Leningrad gelten, bei dessen Planung die Berücksichtigung der Effizienz von Produktionsabläufen im Vordergrund stand. Trotz dieser Zwänge gelang Mendelsohn ein spannungsvoller, dynamischer Entwurf, mit dem er ein weiteres Mal seinen Ruf als international anerkannter Architekt und herausragender Vertreter des Neuen Bauens festigen konnte. Die Dynamik seiner architektonischen Formensprache gewann Mendelsohn aus der Kontrastierung streng horizontal und vertikal gegliederter Quaderbauten mit den nach oben strebenden Türmen der Färberei- und Bleichereigebäude – Kamine, die mit Sogwirkung eine natürliche Lüftung ermöglichten – sowie den Rundungen des exponiert platzierten Kraftwerks. Für die Umsetzung seiner kraftvoll lichten Architektur nutzte er die Möglichkeiten des Stahlbetons, den er auch als gestalterisches Element zusammen mit Ziegelmauerwerk einsetzte.

Erik Gunnar Asplund (1885–1940)
Pavillon für die Stockholmer Ausstellung 1930 Um 1929/30
Feder, Gouache. 24,5 × 42,7 cm
Inv.-Nr. 2001/10/6

Der schwedische Architekt Asplund gilt als einer der bedeutendsten Vertreter des skandinavischen Funktionalismus. Seine Ausstellungsgebäude setzen bar jedweder steinernen Monumentalität oder palastartigen Bauten bewusst die Wirkung von Glas und Stahl ein. Die von Asplund und Gregor Paulsson entworfene Stockholmer Ausstellung (1930) bietet eine dem Zweck und Publikum angemessene leichte Schauwelt. Die Sommerhallen, Kioske und bunten Markisenreihen entlang einer Uferpromenade spiegeln einen heiteren, offenen Charakter wider. Die Zeichnung vermittelt die konzeptionelle Idee dieses modernen »Freilicht-Marktes« mit Hallen und Pavillons aus leichten Stahlkonstruktionen und großen Glasflächen. Es werden viele »Dampfermotive« zitiert, die von den Vertretern des International Style als Ausdruck des technischen Zeitalters besonders geschätzt wurden. Den Mittelpunkt der Ausstellung bildete ein 80 Meter hoher, mit installierten Schriften versehener »Reklamemast mit Pressepavillon«.

Hans Schwippert (1899–1973)
Entwurf für den Plenarsaal des Bundeshauses in Bonn 1948
Pause einer Federzeichnung. Stift in Grün, Blau, Gelb, mit orangerotem Papier collagiert. 29,0 × 21,0 cm
Inv.-Nr. D70/5/8.5

»Ich wollte ein Haus der Offenheit, eine Architektur der Begegnung und des Gesprächs. Ich habe gewünscht, dass das deutsche Land der parlamentarischen Arbeit zuschaut.« So

kommentierte Hans Schwippert die ihm übertragene Erweiterung und den Umbau der Pädagogischen Akademie zum Bundeshaus 1948. Der Architekt wählte für den Plenarsaal eine kreisförmige Anordnung der Abgeordnetenplätze, die den demokratischen Neuanfang der jungen Bundesrepublik architektonisch manifestieren sollte. Konrad Adenauer, der erste deutsche Bundeskanzler, sprach sich allerdings gegen den Entwurf Schwipperts aus. Auch die Öffnung des längs zum Rheinufer orientierten Baus durch eine raumhohe Glaswand lehnte er mit der Begründung ab, dass die Lichtverhältnisse »unangenehm und störend« seien. Erst vierzig Jahre später wurde die Idee Hans Schwipperts von einem kreisrunden Parlament beim Neubau des Plenarsaals durch Günter Behnisch wieder aufgegriffen.

Günter Behnisch (1922)/
Frei Otto (1925)
Behnisch und Partner, Fritz Auer, Winfried Büxel, Carlo Weber, Erhard Tränkner und Jürgen Joedicke, Günther Grzimek, Frei Otto, Fritz Leonhardt, Leonhardt und Andrä, Heinz Isler
Olympiapark München, ursprüngliches Doppel des abgegebenen Originalwettbewerbmodells 1967
Pappe, Holz, Nylonstretchstrumpf, Nadeln. Modell M 1:1000
85,0 × 90,0 × 9,0 cm
Dauerleihgabe aus Privatbesitz

Das Architekturmuseum nennt das berühmte »Damenstrumpfmodell« des Stuttgarter Büros Behnisch & Partner sein Eigen. Die Idee der leichten, die Sportlandschaft überspannenden Zeltdachkonstruktion dieses Wettbewerbmodells für das Münchener Olympiagelände war aufsehenerregend! Es setzte die Anforderungen des Wettbewerbs – Olympiade im Grünen, heiter und weltoffen – auf hervorragende Weise um. Zur Veranschaulichung der über der Sportlandschaft aufgespannten, transparenten Zeltdachkonstruktion diente ein Nylonstrumpf, dessen engmaschiges, elastisches Netz über Stützen gezogen und durch Nadeln gespannt automatisch die gewünschte Hängeform des Daches einnahm. Allerdings war der Schritt vom Damenstrumpf zu einer 34.500 Quadratmeter großen Dachfläche, die an zwölf abgespannten Stahlpylonen abgehängt und mit Acrylglasflächen gedeckt ist, noch beträchtlich. Mit der Realisierung des Entwurfes, der die olympischen Spielstätten in die Landschaft »eingrub« und sie von einem offenen, transparenten Dach zusammenfassend überfangen ließ, war ein architektonisches Symbol für ein neues, demokratisches und weltoffenes Deutschland geschaffen worden.

Helmut C. Schulitz (1936)
Wohnhaus in Beverly Hills 1976
Holz, Pappe, Kunststoff, Aluminium, farbig lackiert. Modell M 1:100
38,0 × 53,0 × 38,0 cm
Dauerleihgabe aus Privatbesitz

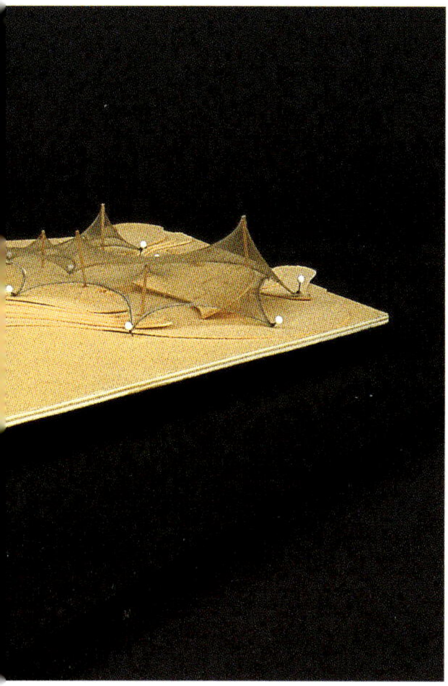

Es wirkt leicht, unverstellt, durchsichtig. Das Wohnhaus in Beverly Hills des Architekten Helmut C. Schulitz ist ein ästhetisches und architektonisch-technisch komplexes Beispiel für die Möglichkeiten des Bauens mit industriell vorgefertigten Elementen (aus Stahl) im Wohnungsbau. Ziel des Projektes war die Entwicklung eines offenen Systems für den verdichteten Wohnungsflachbau unter Verwendung vorhandener, industriell in Serie gefertigter Tragwerks-, Fassaden- und Ausbauelemente. Im Rahmen eines Projektes (T.E.S.T.) fungierte das Wohnhaus als Versuchsbau. Die Vorgaben waren hinsichtlich des Geländes (Steilhang) und des kleinen Bauvolumens schwierig. In der Umsetzung zeigt sich, dass das Stahlskelett bereits binnen zwei Tagen aufgestellt werden konnte. Schulitz' Wohnhaus, das sich in drei Geschossen den Hang hinunterstaffelt, demonstriert, dass auch unter dem Einsatz industriell hergestellter Bauteile eine immense gestalterische Variabilität realisierbar ist: in der Erscheinung wie in der Nutzung.

Thomas Herzog (1941)/
Hanns Jörg Schrade (1951) mit
Roland Schneider (1956)
IEZ Natterer GmbH, Ing.-Büro
Bertsche, Ing.-Büro kgs Kessel
EXPO-Dach - Symbolbauwerk zur Weltausstellung Hannover 2000
1999/2000
Holz. Modell M 1:25
84,0 × 84,0 × 64,0 cm
Dauerleihgabe des Architekten

Über 20 Meter ist das Großbauwerk hoch. Zehn Holz-Schirme von je 40 × 40 Metern Seitenlänge formieren sich zu einem architektonisch-skulpturalen Zusammenspiel leicht-schwebender Schmetterlingsflügel, angeordnet über einem Teppich von Inseln und Wasserflächen. Jeder einzelne Schirm besteht dabei aus vier Schalenflächen, vier auskragenden Trägern einer Stahlpyramide und einem Turm aus Vollholzstämmen. Eine lichtdurchlässige Membran lässt das riesige Holzdach Wind und Wetter trotzen. Die Rede ist von jenem Symbolbauwerk, das zur Weltausstellung, der EXPO in Hannover 2000, als weltweit größtes Holzdach mit seiner völlig neuartigen Holzdachkonstruktion, dem Motto »Mensch – Natur – Technik« imposant wie elegant Rechnung trug. Herzogs eindrucksvolle Holzkonstruktion ist ein ästhetischer »Beweisträger« dafür, wie leistungsfähig sich Massivholz als Konstruktionsmaterial erweist und wie es gestaltet werden kann. Wesentlich ist die Verwendung von Holz als Brettstapelkonstruktion in einer solchen Dimension – in der Hauptdiagonalen ist das Holzdach gut 28 Meter lang – und auch die Tatsache, dass alle Bestandteile des Daches zu 100 Prozent recyclebar sind.

Cecil Balmond (1943)/
Ove Arup & Partners/
Daniel Libeskind (1946)
The Spiral - Erweiterung des Victoria and Albert Museum in London
Kunststoff, farbig beleuchtet
Modell M 1:150. 45 × 33.5 × 54.5 cm
Inv.-Nr 2002/M 617

Der Erweiterungsbau des Victoria and Albert Museums in London, der zur Zeit für ein Hofareal zwischen den historischen Gebäuden des Museums geplant wird, stellt in der

Architekturgeschichte eine absolute Neuheit dar. Das Sensationelle dieses einzigartig-unkonventionellen Erweiterungsbaus, von dem hier ein Modell präsentiert wird, begründet sich durch die Tragstruktur und die fensterlose Fassadenausbildung und -verkleidung des ineinander verschränkten, schachtelartigen Baus. Die Konstruktion ist eine Komposition aus sich selbst tragenden und auskragenden Wänden, ohne weitere Stützen, über 50 Meter hoch. Die beeindruckende Dynamik der Form ist darauf zurückzuführen, dass der Entwurf keine klassisch-logarithmische, sondern eine »chaotische« Spirale ausbildet. Das führt zu Verschiebungen innerhalb der einzelnen Geschosse – und dennoch ermöglicht das optimierte Lastabtragungssystem einen durchgehend stützenfreien Innenraum. Der Komplexität der inneren Struktur wird mit der Fassadengestaltung Rechnung getragen: Der Musterung der Fliesen liegt ein mathematisches Prinzip zu Grunde, welches ein sich nicht wiederholendes Muster ergibt. Den Bogen zu den angrenzenden historischen Bauten schlägt diese zukunftsweisende Architektur mit der Wahl von Terrakotta für die Mosaikfliesen der Fassade.

Design – Die Neue Sammlung. Staatliches Museum für angewandte Kunst

Adolphe Jean-Marie Mouron Cassandre (1901–1968)
Plakat »L'Atlantique« 1931
Lithografie, mehrfarbig
99,5 × 61,5 cm
Auftraggeber: Compagnie de Navigation Sud-Atlantique. Druck: Alliance Graphique Loupot-Casandre, Paris

Winzig nimmt er sich aus, der dampfende Schlepper vor dem tief schwarzblauen Bug eines Ozeanriesen. Atemberaubend, nahezu bedrohlich türmt sich die geometrisierte Stahlwand des Frachters hinter dem kleinen Schiff auf. Wir bestaunen in der Lithografie A. M. Cassandres für eine französische Reederei ein regelrechtes Werbe-Kultbild für das Maschinenzeitalter, dem die alte Technik in Form eines Miniaturschiffes Platz macht. Die Arbeit dieses renommierten Plakatkünstlers des 20. Jahrhunderts bürgt unter ästhetischen und kompositorischen Gesichtspunkten für eine außerordentlich suggestive Wirkung mittels größtmöglicher Vereinfachung des Dargestellten. An dieser Stelle steht bewusst ein Plakat als repräsentatives Schaubild der Neuen Sammlung. Auch wenn in der Pinakothek der Moderne keine Künstlerplakate zu sehen sind, so darf dieser wesentliche Bereich der Designkunst keinesfalls unberücksichtigt bleiben. Erst sie transportieren die Produkte vermittelnd und werbend in die Öffentlichkeit – und nicht zuletzt schlagen sie eine Brücke zu den anderen Abteilungen des Hauses, allen voran zur Graphischen Sammlung.

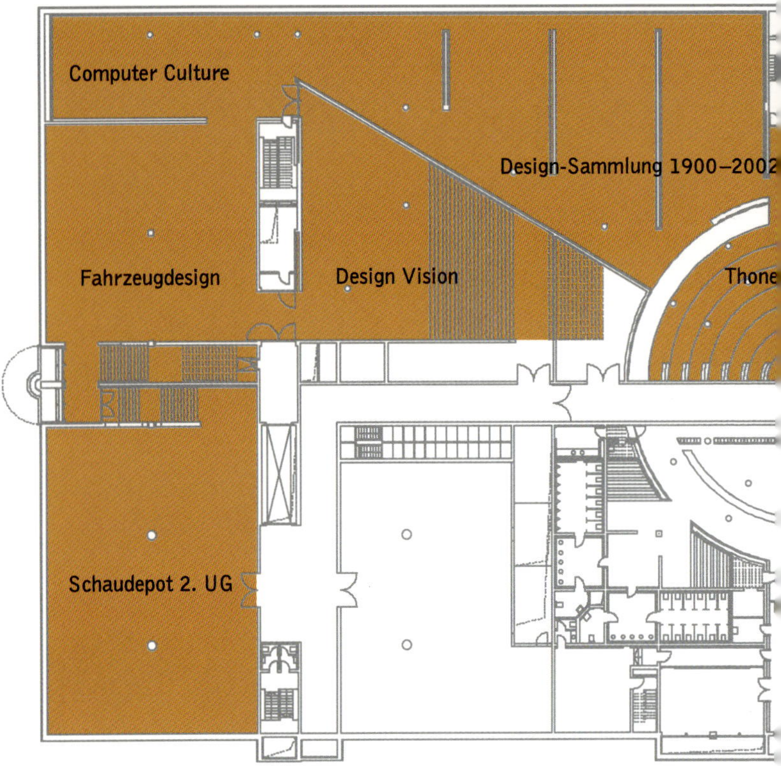

»1907 entstand der Deutsche Werkbund. Seit damals sammeln wir. Das heißt, das gesamte 20. Jahrhundert, also alle frühen und wichtigen Entwicklungen, sind in München vorhanden.« (Florian Hufnagl, leitender Direktor der Neuen Sammlung)
Allerdings gab es bislang keinen Platz für eine dauerhafte, öffentliche Präsentation der Designerkunst, für die beispielhaften, seriell und industriell hergestellten Gegenstände des alltäglichen Gebrauchs, welche die Neue Sammlung, das Staatliche Museum für angewandte Kunst, besitzt. Zu Beginn bildeten 2000 Objekte den Grundstock des Bestandes, inzwischen zählt die Sammlung 60.000 Objekte.
»Provisorische Unterbringung« – anfangs in einem Gartenflügel des Bayerischen Nationalmuseums – war darum das Stichwort, das sich seit der offiziellen Gründung im Jahr 1925 wie ein roter Faden durch die Geschichte des Museums zieht. Neubaupläne verschwanden wie sie entstanden – ob vor der zwangsweisen Schließung in der Nazizeit, hier wurde der »billige Gegenstand« veräußert und verschleudert, oder nach 1945. Erst mit der Pinakothek der Moderne (und dem Neuen Museum in Nürnberg) ist endlich eine Plattform für Dauerausstellungen eines der weltweit führenden Museen für Design und angewandte Kunst der Moderne auf rund 2600 m^2 Fläche realisiert worden.
Besonders attraktiv ist – ganz dem Thema Design angemessen – die Gestaltung der Präsentation selbst: Ein imposanter Setzkasten befindet sich am Ende der Treppe hinunter zu den Prachtwerken der Neuen Sammlung. Der eindrucksvolle »Eye-Catcher«

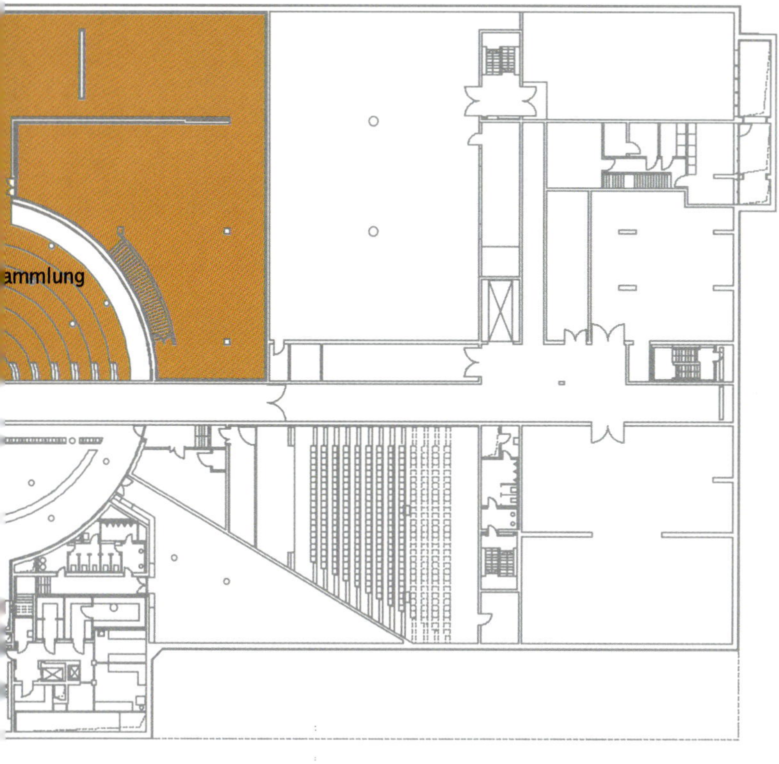

dient dem Besucher als pointiertes Inhaltsverzeichnis der Gesamtpräsentation von Gestaltungskunst einst und jetzt. Hier finden wir beispielsweise Thosiyuki Kitas TV mit flachem High-Tech-Monitor oder Pop-Design der 60er Jahre in Form einer Couch als rotem Kussmund. Unten angekommen: das Thema Stromlinie, Aerodynamisches – Autos, Motorräder als Sonderbereich. Ein Computer-Culture-Room demonstriert, wie rasant die digitale Revolution und die Aufgabe »Benutzerfreundlichkeit« das Computerdesign hin zu dünn- und dünner werden Laptops und Bildschirmen veränderte.

Auf drei großartige Raumgestaltungen sei unbedingt verwiesen:

1. Die lange Glasvitrine, welche die Abzweigungen in die Design-Epochen der historisch-chronologischen Gestalterschau wie ein zeitliches Lineal begleitet. 2. Den »Thonet-Raum«, in welchem gut fünfzig Stuhlmodelle in unterschiedlichem Schwung die Stufen des Amphitheaters zieren.

3. Zwei Vitrinen am Ende des Rundgangs, die im Prinzip eines Riesenrads rotieren und aktuelle Bewegung im Design, vom bunten Vasenhocker bis zu Wettkampfschuhen für Speedskating und Shimano Systemlaufrädern vorführen. Die Neue Sammlung veranschaulicht beeindruckend Florian Hufnagls Anliegen: »Wichtig ist mir die Vision, denn Design ist nicht nur Produkt, sondern auch Idee.« Und diese vermittelt unsere gezielte Auswahl repräsentativer Objekte, die der Tatsache Rechnung trägt: Design lebt vom Kontrast.

Stuhl-Reformierung: Der Prototyp moderner Massenmöbel und verfremdetes Dekorspiel

Michael Thonet (1796–1862)
Stuhl Nr. 14 1859
Buche, massiv gebogen, braun gebeizt; Rohrgeflecht. 89 × 42,5 × 53 cm
Herst.: Gebr. Thonet, Wien
Inv.-Nr. 476/96

Als »Stuhl der Stühle« gilt Thonets Stuhlmodell Nr. 14. Das als »Wiener Caféhaus-Stuhl« bekannte, zweckmäßige Möbel mit Flechtwerksitz wurde 1859 entwickelt und galt schon bis 1930 mit einer Stückzahl von ca. 50 Millionen als das meistverkaufte Möbelstück der Welt. Neu an diesem auf industrielle Serienfertigung ausgelegten Stuhl war die sogenannte »Bugholztechnik«, die es ermöglichte, massives Holz unter Druck und bei über 100 C° Dampf in Fasson zu bringen. Ein zusätzliches Novum war die, wenn man so will, Marketingstrategie: Das preiswerte, teils maschinell, teils in Handarbeit gefertigte Stuhlmodell ließ sich bestellen und in verschiedene Teile (6 Holzteile mit 10 Schrauben und 2 Muttern) zerlegen. Im Gegensatz zu schweren Gründerzeitmöbeln konnte nun eine bis dahin ungekannt große Stückzahl in alle Welt geliefert werden, da sich die Einzelteile stapeln und problemlos zusammensetzen ließen. Gut 36 demontierte Stühle passten in eine Kiste von ca. 1 m^3.

Stuhl-Reformierung: Der Prototyp moderner Massenmöbel und verfremdetes Dekorspiel

Alessandro Mendini (1931)
Sessel »Poltrona di Proust« aus der Kollektion Bau.Haus I 1978
Holz, farbig bemalt; Bezugstoff, farbig bemalt. 107 × 105 × 90 cm
Herst.: Studio Alchimia, Mailand
Inv.-Nr. 208/2000

Im riesigen Setzkasten der Neuen Sammlung befindet sich auch Mendinis »Poltrona di Proust«. Der 70jährige Mailänder Architekt, Designer und Theoretiker des »Gegendesigns« ist vor allen Dingen eins: Künstler, sozusagen zwischen den Stühlen. Der »Poltrona« ist ein »Muster-Beispiel« seiner künstlerischen Haltung: Der Stoff ist mit einem handgemalten Zitat überzogen – den Tupfen eines pointillistischen Gemäldes Paul Signacs, den der französische Schriftsteller Marcel Proust verehrte. Mendini reflektiert mit diesem »Re-Design«-Stuhl auf Proust. Bei Recherchen zu jenem Künstler stieß er auf einen neobarocken Sessel, woher sich die Form des »Poltrona« erklären lässt. Der Proust-Stuhl führt zwei Gedanken vor: Design befindet sich im Kontext von bereits vorgefertigten »Mustern«, also Ideen. Diese lassen sich nur über Äußerliches transportieren, wo sie zu überhöhen, zu stilisieren und zu ironisieren sind.

Unterschiedliche Stromlinienform:
Das Auto und das Radio

Hans Ledwinka (1878–1967)
Tatra 87 1937 (Baujahr 1938)
Metall, lackiert
L. 474 cm, B. 167 cm, H. 150 cm
Herst.: Tatra Werke, Nesseldorf, Tschechoslowakei
Inv.-Nr. 585/93

Das Stichwort zum avantgardistischen Fahrzeug der tschechoslowakischen Firma Tatra ist: «Stromlinienform«, die man eigentlich als Stilrichtung mit Amerika und suggerierter Zuversicht in eine wirtschaftliche Zukunft verbindet. Unter aerodynamischen Gesichtspunkten ist damit die Idealform eines Gegenstandes mit geringst möglichem Luftwiderstand zu verstehen, meist als Tropfenform. Durch die Verwirklichung dieser Idee durch den österreichischen Konstrukteur Hans Ledwinka ging beim Tatra 87 eine vollkommen konsequent aerodynamische Karosserie in Serie. Als besonders spektakulär an der Ganzmetallkarosserie mit kurzer Fronthaube empfand man vor allem das langgezogene Heck mit Rückenflosse. Dieses absatzfördernde, ästhetische »styling« beeindruckte als zusätzliches Novum und kam besonders zur Geltung, da die Rückenflossen-Form des Wagens nicht durchbrochen war: Das Heckfenster des Tatra 87 trennt im Inneren den Fahrgast- vom Motorraum. Lüftungsschlitze in der Motorhaube ermöglichen dem Fahrer die »Rücksicht«.

Unterschiedliche Stromlinienform:
Das Auto und das Radio

Walter Dorwin Teague (1883–1960)
Radio »Bluebird« 1934
Glasplatten, blau verspiegelt, Holz, schwarz lackiert. H. 38 cm, Ø 36 cm
Herst.: Sparton Corporation, Jackson, Michigan/USA
Inv.-Nr. 925/86

Dass der herausragende amerikanische Industriedesigner und Hauptvertreter der Stromlinienform Walter Dorwin Teague ursprünglich aus der Werbebranche kam, macht dieses erstaunliche Radiogerät aus den 30er Jahren deutlich. Seinen ersten Werbeauftrag bekam der Designer für Kodak. Wie es hier galt, das Produkt ins richtige Licht zu setzen, »spiegelt« der »Bluebird« im wahrsten Sinne des Wortes eine Ideenvermittlung wieder: Wir, die Empfänger, sehen uns im Nachrichten aussendenden »Rund-Funk«, der bemerkenswerten Kreisform des Sendegerätes, das von seinem Kern, der Membran aus, in drei übereinandergestaffelten Linien »Ströme« markiert. Teague hat zugunsten dieser »geometrischen« Ästhetik die Technik in Form eines kleinen Holzkästchens hinter den blau verspiegelten Glasplatten verschwinden lassen. Sie bleibt unsichtbar.

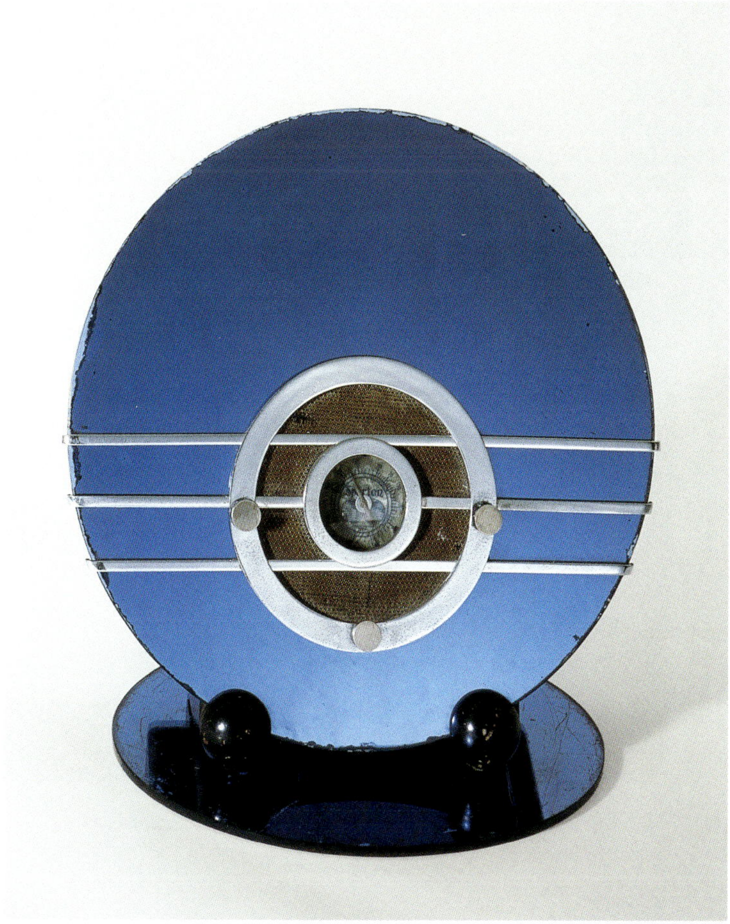

Deutschland–Frankreich:
»Kunst, die sich nützlich macht« –
am Küchenutensil

Peter Behrens (1868–1940)
Elektrische Tee- und Wasserkessel
1909
Messing, Messing vernickelt bzw. verkupfert. H. 19,5-21,5 cm, B. 18,5-22,5 cm, T. 14,5-17,5 cm
Herst.: AEG, Berlin
Inv.-Nrn. 658/2000, 658/2001, 655/2001, 641/2000

Man nehme drei verschiedene Grundformen: zylindrisch, halboval, oktogonal, drei verschiedene Größen: 0,75 l, 1,25 l, 1,75 l und drei verschiedene Metalloberflächen und entwerfe ein Massenprodukt mit an die 80 verschiedenen Kombinationsmöglichkeiten, das sich formal aufs Notwendigste reduziert. Der einflussreiche Entwerfer Peter Behrens hat es getan, 1909, allein verantwortlich für die Werbung, die Produkte sowie den Bau einer Turbinenfabrik der Industriefirma AEG. Seine elektrischen Tee- und Wasserkessel sind der Beweis für eine beispiellose Designkunst, weg vom kostspieligen, handgefertigten Einzelstück, hin zum – preiswert geplanten – Elektrogerät für Jedermann. Wasserkessel gehörten zu den absoluten Neuerungen des industriellen Designs am Anfang des 20. Jahrhunderts wie Turbinen und Ventilatoren.

Deutschland–Frankreich:
»Kunst, die sich nützlich macht« –
am Küchenutensil

Robert Mallet-Stevens (1886–1945)
Tee- und Kaffeservice Um 1930
Silber, getrieben und poliert, z.T. innen vergoldet, Macassarholz
13,4 × 34,5 × 10,8 cm (mit Tablett)
Auftraggeber: La Maison Desny, Paris
Inv.-Nr. 53/91

Die Geschichte des luxuriösen, modernistischen Art-Déco-Silbers ist nicht ohne Robert Mallet-Stevens zu denken. In Frankreich konnte sich ein exquisiter, individueller Einrichtungsstil kultivieren – trotz des Ersten Weltkriegs. Die Metropole Paris war der Garant für eine lange Tradition erlesener Kunstfertigung einerseits und bald für internationale Wettbewerbsfähigkeit zum anderen. Mallet-Stevens' Tee- und Kaffeservice der Neuen Sammlung ist eine Auftragsarbeit des auf exklusive und limitierte Inneneinrichtung Wert legenden Unternehmens »La Maison Desny«. Das weiße Service ist formal von geometrisch, strengem Purismus und hinsichtlich seiner Hinwendung zum Abstrakten vom niederländischen De-Stijl beeinflusst.

»Form follows function«
im Großraum-Büro

Otto Wagner (1841–1918)
Schreibtisch und Hocker der Wiener Postsparkasse Um 1904
Buchenholz, braun gebeizt, Aluminium
Schreibtisch: 109 × 107 × 66 cm,
Hocker: 47 × 42 × 42 cm
Herst.: Gebr. Thonet, Wien
Inv.-Nr. 133/95, 134/95

Das Wiener Postsparkassenamt des Architekten Otto Wagner gilt als Gesamtkonstruktion als eines der signifikantesten Werke der frühen Moderne in Österreich. In der übersichtlichen Schalterhalle, unter der Eisenträgerkonstruktion mit gläsernem Dach, stehen – ebenso sachlich funktional gestaltet wie das Gebäude – Wagners Möbel. Gemäß seinem Leitsatz »Nichts, was nicht brauchbar ist, kann schön sein« ist das Interieur konzipiert: Funktion und Konstruktion bilden eine sichtbare Einheit. Das Material Aluminium bleibt in logischer Konsequenz nicht nur an den Säulenverkleidungen des großen Baus, sondern auch an den Füßen der Möbel, den Schreibtischen zu sehen. Auch hier begegnen wir erneut der Bugholztechnik. Wagner hatte seine Möbel unter anderem bei Thonet in Auftrag gegeben.

»Form follows function«
im Großraum-Büro

Giovanni Sacchi (1913)
Holzmodell für die Schreibmaschine »Lexikon 80« nach Entwurf von Marcello Nizzoli. 1948
Eibenholz. 18 × 36,8 × 34 cm
Herst.: Giovanni Sacchi, Mailand
Inv.-Nr. 201/2001

Besonders interessant für das Verständnis von Design vom Prototyp bis zum Endprodukt sind Modelle. Sie markieren den Kompaktzustand von Konzept, räumlicher Ausführung und Realisierbarkeit des Gedankens des kreativen Entwerfers. Das Holzmodell von Giovanni Sacchi für die Schreibmaschine »Lexikon 80« ist also nicht ein einfaches, vermeintlich unbeholfenes Grundgerüst, sondern erstmals die konkretisierte, charakteristisch gestaltete Bilanz und repräsentiert so das spätere Produkt. In einem Interview erklärte Sacchi, der hier für den italienischen Graphiker und Industriedesigner Nizzoli arbeitete, wenn er alle Prototypen zusammentrüge, die er für die fertigen Produkte erschaffen habe, ließe sich ein Museum einrichten. Die Pinakothek der Moderne birgt mit diesem Musterstück jedenfalls schon eine Ahnung dieser Möglichkeit.

Designer-Positionen im Bauhaus-Kontext

Alma Buscher (1899–1944)
Bauspiel »Schiff« 1923
Holz, farbig lackiert unterschiedliche Größen (z.B. Schiffsrumpf L 25,5 cm)
Herst.: Bauhaus Weimar
Inv.-Nr. 377/26

Im Rahmen des pädagogischen Bauhaus-Konzeptes wurde das Unterrichten von Handwerk gefordert. «Kunst entsteht oberhalb aller Methoden, sie ist an sich nicht lehrbar, wohl aber das Handwerk.« (Walther Gropius) Gerade der handwerkliche Aspekt ist für Alma Buschers Bauspiel »Schiff« beispielhaft: Einerseits als technische Prämisse für den Designer (Fertigung in der Weimarer Tischlereiwerkstatt), andererseits als kindgerechter Bausatz, aus dem sich verschiedene Objekte zusammensetzen lassen. Hölzerner Rumpf, Segel, Rechtecke, Dreiecke, Würfel und dünne Basisplättchen sind farbig bemalt. Ziel des auf Schlichtheit, klare Formen und Harmonie setzenden Spielzeugs ist, Kinder nicht mit komplizierten Mechanismen zu konfrontieren, sondern ein kreatives, unproblematisches Spielen zu ermöglichen.

Designer-Positionen im Bauhaus-Kontext

Marcel Breuer (1902–1981)
Kleiderschrank »ti 113« 1926/27
Holz, weiß und rot lackiert
175,5 × 185 × 69 cm
Herst.: Bauhaus Dessau
Inv.-Nr. 16/78-1

Er ist schlicht, aus Schleiflack, betont Gerüst und die kompakte Zusammensetzung der Schrankelemente aus funktionalen Blöcken. Breuers »ti 113« reiht sich ein in die klare Eleganz seiner modernen Interieurs aus den späten 20er Jahren. Der Schrank aus der Dessauer Bauzeit steht pars pro toto für sein gesamtes Schaffen: Breuers Zimmereinrichtungen waren als unverschnörkelte, kombinierbare Einheit, als Nutzfläche zu verstehen. So stand auch der unprätentiöse »ti 113« für einen zeitgemäßen, nahezu rigiden Wohnausdruck. Breuer entwarf das Möbel für Ludwig Grothe. Es stellt nur ein Teil einer vollständigen Wohneinrichtung für den Kunsthistoriker dar. Interessanterweise handelt es sich – Bauhaus-Prospekten zufolge – bei dem Modell »ti 113« eigentlich um einen Damenschrank: mit Hutfach, mit Klapptür über dem mittleren und rechten Teil und mit Stangen für kürzere und längere Kleider.

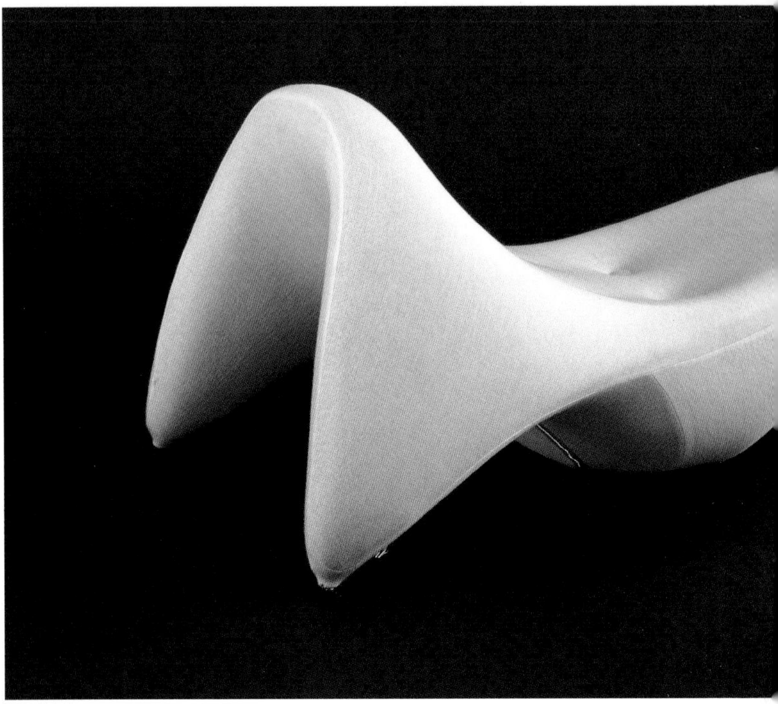

High-Tech-Spiele: Fernsehen und Sitzen

Luigi Colani (1928)
Sitz- und Liegemöbel »TV-Relax«
1965
Schaumstoff (PU), Stretchbezug, weiß bzw. rot. H. 70 cm, B. 96 cm, L. 2000 cm
Herst.: Kusch + Co, Hallenberg
Inv.-Nr. 430/2001

Luigi Colani studierte an der Berliner Kunstakademie und »Aerodynamics« an der Pariser Sorbonne. Noch als Student konnte der ausgesprochen vielseitige Gestalter seinen ersten Erfolg als Designer mit Schuhen für Christian Dior verzeichnen. Er war u.a. für Firmen wie Alpha Romeo, BMW, Sony, Seiko und Canon tätig und entwarf die unterschiedlichsten Objekte wie Luft- und Straßenfahrzeuge, Kameras und Stühle mit aerodynamisch geschwungener Linie – als hätten Frauen die Beine übereinander geschlagen. Das Liegemöbel »TV-Relax« aus der Meereskollektion wurde in geringer Stückzahl produziert. Die in Schwung und Linienführung aerodynamische Gestaltung der modernen Chaiselongue weckt die Assoziation von »Wohnlandschaft«. Die tragenden Elemente verschwinden in und hinter der skulpturalen Form. Die Liege aus den 60er Jahren verkündet Leichtigkeit und den funktionalen Aspekt der Erholung.

High-Tech-Spiele: Fernsehen und Sitzen

Toshiyuki Kita (1942)
LCD-Fernsehgerät Aquos LC-20 C2E 2000
Kunststoff (PC, ABS), silberfarben, grau. H. 55,6 cm, B. 47,7 cm, T. 22,9 cm
Herst.: Sharp Corporation, Osaka
Inv.-Nr. 760/2001

Wenn man das Fernsehgerät des japanisch-italienischen Designers im großen Setzkasten bewundert, glaubt man zunächst einen High-Tech-Computerbildschirm vor sich zu haben. Auffallend flach ist Toshiyuki Kitas leistungsstarker Monitor, die Bedienungsknöpfe in der unteren Kunststoffleiste des Fernsehers fallen kaum auf. Hier wie dort verschwindet das Gewicht von der Bildfläche bei Verstärkung der Kapazitäten des Gerätes. Die »Aquos«-Serie, aus welcher dieser Fernseher stammt, betont ein wellenartiges, organisches Äußeres. Das Kita-TV verbindet das Dekor alter japanische Keramikkunst mit funktionalen Aspekten: Hier beansprucht keine wuchtig-schwere »Fernsehtruhe« Platz. Der Fernseher zeichnet sich so auch durch betonte Raumersparnis und Portabilität aus.

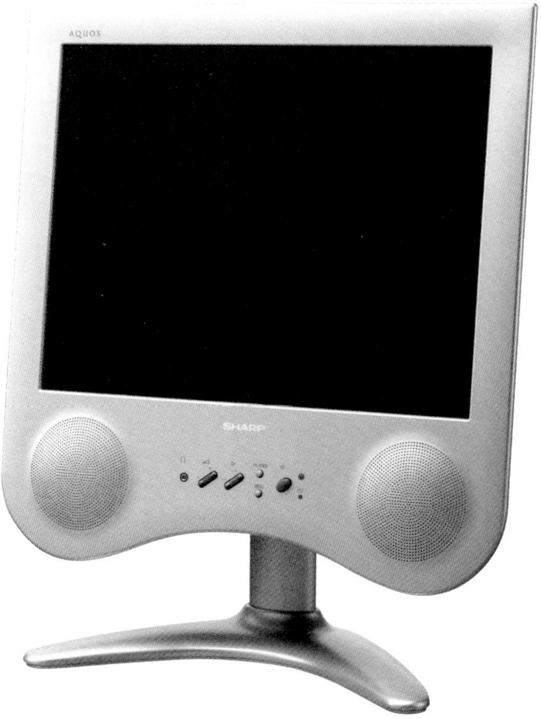

Literatur

Für die Werktexte wurde u.a. folgende ausgewählte Literatur verwendet:

Kunst

Schmied, Wieland: *René Magritte.* Ausst. Kat. Kunsthalle der Hypo-Kulturstiftung München. München 1987

Baumstark, Reinhold; Schulz-Hoffmann, Carla; Semff, Michael; Nerdinger, Winfried; Hufnagl, Florian (Hrsg.): *Pinakothek der Moderne. Kunst, Grafik, Architektur, Design.* München, Köln 2002

Francis Bacon. Ausst. Kat. Staatsgalerie Stuttgart. London 1985

Garnerus, Hartwig: *Die Sammlung Theo Wormland.* Ausst. Kat. Haus der Kunst München. München 1983

Hofmann, Werner (Hrsg.): *Konrad Klapheck. Retrospektive 1955–1985.* Ausst. Kat. Hamburger Kunsthalle. München 1985

Lauter, Rolf (Hrsg.): *Jeff Wall. Figures & Places. Ausgewählte Werke von 1978 bis 2000.* München u.a. 2001

Leymarie, Jean: *Georges Braque.* Ausst. Kat. Kunsthalle der Hypo-Kulturstiftung München. München 1988

Maur, Karin von: *Salvador Dalí 1904–1989.* Ausst. Kat. Staatsgalerie Stuttgart. Stuttgart 1989

Rubin, William; Schmied, Wieland; Clair, Jean (Hrsg.): *Giorgio de Chirico. Der Metaphysiker.* Ausst. Kat. Haus der Kunst, München. München 1982

Schulz-Hoffmann, Carla (Hrsg.): *Pinakothek der Moderne. Malerei, Skulptur, Neue Medien.* Köln 2002

Schulz-Hoffmann, Carla; Guth, Doris: *Georg Baselitz.* Staatsgalerie Moderner Kunst. Ostfildern-Ruit 1993

Schulz-Hoffmann, Carla; Schuster, Peter-Klaus: *Deutsche Kunst seit 1960. Sammlung Prinz Franz von Bayern.* Ausst. Kat. Bayerische Staatsgemäldesammlungen. Staatsgalerie moderner Kunst. München 1985

Schulz-Hoffmann, Carla; Weiss, Judith C. (Hrsg.): *Max Beckmann Retrospektive.* Ausst. Kat. Haus der Kunst München. München 1984

Schuster, Peter-Klaus; Vitali, Christoph; Butts, Barbara (Hrsg.): *Lovis Corinth.* Ausst. Kat. Haus der Kunst München. München 1996

Spies, Werner (Hrsg.): *Max Ernst. Retrospektive zum 100. Geburtstag.* Ausst. Kat. Tate Gallery, London. München 1991

Pinakothek der Moderne. Eine Vision. München 1995

Grisebach, Lucius: *Ernst Ludwig Kirchner. 1880–1938.* Ausst. Kat. Nationalgalerie Berlin, Berlin 1980

Franz, Erich (Hrsg.): *Franz Marc. Kräfte der Natur. Werke 1912–1915.* Ausst. Kat. Staatsgalerie moderner Kunst München. Ostfildern-Ruit 1993

Graphik

Hans von Marées. Zeichnungen. Eigener Bestand. Ausst. Kat. Staatliche Graphische Sammlung München. München 1987

Zeichnungen aus der Sammlung des Kurfürsten Carl Theodor. Ausst. Kat. zum 225. Bestehen der Staatlichen Graphischen Sammlung München. München 1983

Bayerische Staatsgemäldesammlungen, München (Hrsg.): *Klee, Winter, Kirchner. 1927–1934.* Ausst. Kat. Westfälisches Landesmuseum für Kunst- und Kulturgeschichte Münster. München 2001

Baumstark, Reinhold; Schulz-Hoffmann, Carla; Semff, Michael; Nerdinger, Winfried; Hufnagl, Florian (Hrsg.): *Pinakothek der Moderne. Kunst, Grafik, Architektur, Design.* München, Köln 2002

Schuster, Peter-Klaus (Hrsg.) *Franz Marc. Else Lasker-Schüler. Der Blaue Reiter präsentiert Eurer Hoheit sein Blaues Pferd. Karten und Briefe.* München 1987

Schwarz, Michael; Semmf, Michael (Hrsg.): *Brice Marden. Work Books 1964–1995.* Ausst. Kat. Staatliche Graphische Sammlung München. München 1997/98

Staatliche Graphische Sammlung München (Hrsg.): *10 Meisterzeichnungen: Neuzugänge der Graphischen Sammlung.* München 1996

Staatliche Graphische Sammlung. Neuerwerbungsbericht 1960. In: *Münchner Jahrbuch der bildenden Kunst.* XII, 1961, S. 257

Staatliche Graphische Sammlung. Neuerwerbungsbericht 1978/79. In: *Münchner Jahrbuch der bildenden Kunst.* XXXI, 1980, S. 276

Pinakothek der Moderne. Eine Vision. München 1995

Tilman Falk (Hrsg.): *Staatliche Graphische Sammlung München. Dialog über Jahrhunderte. Erwerbungen und Stiftungen. 1990–2000.* München 2000

Wolfgang Holler: *Zeichenkunst der Gegenwart. Sammlung Prinz von Bayern.* Ausst. Kat. Staatliche graphische Sammlung München. 1988

Architektur

Archifant, ArchitekturMuseum 16.07.2002–03

Baumstark, Reinhold; Schulz-Hoffmann, Carla; Semff, Michael; Nerdinger, Winfried; Hufnagl, Florian (Hrsg.): *Pinakothek der Moderne. Kunst, Grafik, Architektur, Design.* München, Köln 2002

Behne, Adolf: *Architekturkritik in der Zeit über die Zeit hinaus. Texte 1913–1948.* Basel 1994

Herzog, Thomas (Hrsg.): *Expodach. Symbolbauwerk zur Weltausstellung Hannover 2000.* München 2000

Nerdinger, Winfried (Hrsg.): *Bruno Taut. 1880–1838.* Stuttgart, München 2001

Nerdinger, Winfried (Hrsg.): *Die Architekturzeichnung. Vom Barocken Idealplan zur Axonometrie. Zeichnungen aus der Architektursammlung der Technischen Universität München.* München 1985

Nerdinger, Winfried (Hrsg.): *Konstruktion und Raum in der Architektur des 20. Jahrhunderts. Exemplarisch. Beispiele aus der Sammlung des Architekturmuseums der Technischen Universität München.* München 2002

Nerdinger, Winfried (Hrsg.): *Zwischen Glaspalast und Maximilianeum. Architektur in Bayern zur Zeit Maximilians II. 1848–1864.* Ausst. Kat. Architekturmuseum der Technischen Universität München und des Münchener Stadtmuseums. München 1997

Schmidt, Johann-Karl; Zeller, Ursula: *Behnisch und Partner. Bauten 1952–92.* Galerie der Stadt Stuttgart. Stuttgart 1992

Pinakothek der Moderne. Eine Vision. München 1995

Design

Baumstark, Reinhold; Schulz-Hoffmann, Carla; Semff, Michael; Nerdinger, Winfried; Hufnagl, Florian (Hrsg.): *Pinakothek der Moderne. Kunst, Grafik, Architektur, Design.* München, Köln 2002

Droste, Magdalena; Ludewig Manfred: *Marcel Breuer. Design.* Köln 1992

Hufnagl, Florian (Hrsg.): *Einblicke, Ausblicke. Für ein Museum von Morgen. Die Neue Sammlung. Staatliches Museum für angewandte Kunst.* Stuttgart 1996

Hufnagl, Florian (Hrsg.): *Reiselust. Internationale Reiseplakate von der Jahrhundertwende bis heute.* Die Neue Sammlung München 1995.

Pinakothek der Moderne. Eine Vision. München 1995

Vegesack, Alexander von: *Das Thonet Buch.* München 1987

Wick, Rainer: *Bauhauspädagogik.* Köln 1982

Braunfels-Architektur

wettbewerb aktuell 12/1987

wettbewerb aktuell 7/1992

Pinakothek der Moderne. Eine Vision. München 1995

Bauer, Reinhard: *Maxvorstadt, zwischen Münchens Altstadt und Schwabing. Das Stadtteilbuch.* München 1995

Bauer, Richard; Graf, Eva: *Stadt im Überblick. München im Luftbild 1890–1935.* München 1986

Ude, Christian (Hrsg.): *Münchner Projekte. Die Zukunft einer Stadt.* München 1993

Zitate

Chronik zur Pinakothek der Moderne von Simone Dattenberger (*Münchner Merkur*, Nr. 213, 14./15.9.02)

Stephan Braunfels, aus: Archifant, ArchitekturMuseum 16.07.2002–03; *Pinakothek der Moderne. Eine Vision.* München 1995

Carla Schulz-Hoffmann, aus: *Münchner Merkur*, Nr. 207, 7./8.9.02

Michael Semff, aus: *Münchner Merkur*, Nr. 195, 24./25.8.02

Winfried Nerdinger, aus: *Münchner Merkur*, Nr. 201, 31.8./1.9.02

Florian Hufnagl, aus: *Münchner Merkur*, Nr. 204, 4.8.02

Register